Novalis (eig. Georg Philipp Friedrich Freiherr von Hardenberg), geboren am 2. Mai 1772 auf Gut Oberwiederstedt bei Mansfeld, ist am 25. März 1801 in Weißenfels gestorben.

Mit Novalis, der einer thüringischen Adelsfamilie entstammte, fand das einsetzende romantische Lebensgefühl der Zeit seinen ersten prägenden Ausdruck in der Dichtung. Es sollte seinen kurzen Lebensweg ebenso prägen wie das Liebes- und Todeserlebnis mit Sophie von Kühn, die, 15jährig, 1797 starb. So ist sein überschaubares, im Blick auf die Sprache geradezu rhythmisch beseeltes lyrisches Werk die Summe seiner Suche nach höchster Vergeistigung, wie sie ein Dichter, einem Seher und Priester gleich, anzustreben habe.

insel taschenbuch 1010
Novalis
Gedichte
Die Lehrlinge zu Sais
Dialogen und Monolog

NOVALIS GEDICHTE

DIE LEHRLINGE ZU SAIS
DIALOGEN UND MONOLOG

*Mit einem Nachwort
von Jochen Hörisch*

Insel Verlag

insel taschenbuch 1010
Erste Auflage 1987
© dieser Ausgabe Insel Verlag
Frankfurt am Main und Leipzig 1987
Alle Rechte vorbehalten, insbesondere das der Übersetzung,
des öffentlichen Vortrags sowie der Übertragung durch
Rundfunk und Fernsehen, auch einzelner Teile.
Kein Teil des Werkes darf in irgendeiner Form (durch Fotografie,
Mikrofilm oder andere Verfahren) ohne schriftliche Genehmigung
des Verlages reproduziert oder unter Verwendung elektronischer
Systeme verarbeitet, vervielfältigt oder verbreitet werden.
Hinweise zu dieser Ausgabe am Schluß des Bandes
Vertrieb durch den Suhrkamp Taschenbuch Verlag
Umschlag nach Entwürfen von Willy Fleckhaus
Druck: Nomos Verlagsgesellschaft, Baden-Baden
Printed in Germany
ISBN 3-458-32710-X

7 8 9 10 11 12 – 11 10 09 08 07 06

INHALT

Hymnen an die Nacht

1. Welcher Lebendige 11
2. Muß immer der Morgen 13
3. Einst da ich bittre Thränen 14
4. Nun weiß ich 15
5. Über der Menschen 17
6. Sehnsucht nach dem Tode 25

Geistliche Lieder

I. Was wär ich ohne dich 28
II. Fern in Osten 31
III. Wer einsam sitzt 32
IV. Unter tausend frohen 34
V. Wenn ich ihn nur habe 35
VI. Wenn alle untreu werden 36
VII. Hymne 37
VIII. Weinen muß ich 39
IX. Ich sag' es jedem 41
X. Es giebt so bange Zeiten 42
XI. Ich weiß nicht, was ich 43
XII. Wo bleibst du Trost 45
XIII. Wenn in bangen 47
XIV. Wer einmal, Mutter 48
XV. Ich sehe dich 50

Vermischte Gedichte

Vergiß mein nicht! 51
Bey der Wiederkunft einer geliebten Freundin
   gesungen 51
Walzer 52
An Adolph Selmniz 52
Anfang 53
Am Sonnabend Abend 54
An Caroline 56
M. und S. 57
Zu Sophiens Geburtstag 57
Lied beym Punsch 60
Antwort an Carolinen 64
Im Grüninger Kirchenbuch 65
Gedicht zum 29sten April dem Tage des
   Gartenkaufs 66
Der Fremdling 68
Blumen 71
Distichen 73
Kenne dich selbst 75
Letzte Liebe 76
An die Fundgrube Auguste 77
Der müde Fremdling ist verschwunden 78
Fragment 78
Erstes, seliges Pfand 79
Zur Weinlese 81
Das Gedicht 83
An Tieck 84
Es färbte sich die Wiese grün 87
Der Himmel war umzogen 89

An Dorothee	91
An Julien	94
Ich will nicht klagen mehr	95
Alle Menschen seh ich leben	95
An Karl von Hardenberg	96

Die Lehrlinge zu Sais

| 1. Der Lehrling | 97 |
| 2. Die Natur | 102 |

Dialogen 142

Monolog 157

Nachwort
Jochen Hörisch: Poetisches Neuland –
Anmerkungen zu Novalis 159

Zu dieser Ausgabe 175

HYMNEN AN DIE NACHT

1.

Welcher Lebendige, Sinnbegabte, liebt nicht vor allen Wundererscheinungen des verbreiteten Raums um ihn, das allerfreuliche Licht – mit seinen Farben, seinen Stralen und Wogen; seiner milden Allgegenwart, als weckender Tag. Wie des Lebens innerste Seele athmet es der rastlosen Gestirne Riesenwelt, und schwimmt tanzend in seiner blauen Flut – athmet es der funkelnde, ewigruhende Stein, die sinnige, saugende Pflanze, und das wilde, brennende, vielgestaltete Thier – vor allen aber der herrliche Fremdling mit den sinnvollen Augen, dem schwebenden Gange, und den zartgeschlossenen, tonreichen Lippen. Wie ein König der irdischen Natur ruft es jede Kraft zu zahllosen Verwandlungen, knüpft und löst unendliche Bündnisse, hängt sein himmlisches Bild jedem irdischen Wesen um. – Seine Gegenwart allein offenbart die Wunderherrlichkeit der Reiche der Welt.

Abwärts wend ich mich zu der heiligen, unaussprechlichen, geheimnißvollen Nacht. Fernab liegt die Welt – in eine tiefe Gruft versenkt – wüst und einsam ist ihre Stelle. In den Sayten der Brust weht tiefe Wehmuth. In Thautropfen will ich hinuntersinken und mit der Asche mich vermischen. – Fernen der Erinnerung, Wünsche der Jugend, der Kindheit Träume, des ganzen langen Lebens kurze Freuden und vergebliche Hoffnungen kommen in grauen Kleidern, wie Abendnebel nach der Sonne Untergang. In andern Räumen schlug die lustigen Gezelte das Licht auf. Sollte es nie zu seinen Kindern wiederkommen, die mit der Unschuld Glauben seiner harren?

Was quillt auf einmal so ahndungsvoll unterm Herzen, und verschluckt der Wehmuth weiche Luft? Hast auch du ein Gefallen an uns, dunkle Nacht? Was hältst du unter deinem Mantel, das mir unsichtbar kräftig an die Seele geht? Köstlicher Balsam träuft aus deiner Hand, aus dem Bündel Mohn. Die schweren Flügel des Gemüths hebst du empor. Dunkel und unaussprechlich fühlen wir uns bewegt – ein ernstes Antlitz seh ich froh erschrocken, das sanft und andachtsvoll sich zu mir neigt, und unter unendlich verschlungenen Locken der Mutter liebe Jugend zeigt. Wie arm und kindisch dünkt mir das Licht nun – wie erfreulich und gesegnet des Tages Abschied – Also nur darum, weil die Nacht dir abwendig macht die Dienenden, säetest du in des Raumes Weiten die leuchtenden Kugeln, zu verkünden deine Allmacht – deine Wiederkehr – in den Zeiten deiner Entfernung. Himmlischer, als jene blitzenden Sterne, dünken uns die unendlichen Augen, die die Nacht in uns geöffnet. Weiter sehn sie, als die blässesten jener zahllosen Heere – unbedürftig des Lichts durchschaun sie die Tiefen eines liebenden Gemüths – was einen höhern Raum mit unsäglicher Wollust füllt. Preis der Weltköniginn, der hohen Verkündigerinn heiliger Welten, der Pflegerinn seliger Liebe – sie sendet mir dich – zarte Geliebte – liebliche Sonne der Nacht, – nun wach ich – denn ich bin Dein und Mein – du hast die Nacht mir zum Leben verkündet – mich zum Menschen gemacht – zehre mit Geisterglut meinen Leib, daß ich luftig mit dir inniger mich mische und dann ewig die Brautnacht währt.

2.

Muß immer der Morgen wiederkommen? Endet nie des Irdischen Gewalt? unselige Geschäftigkeit verzehrt den himmlischen Anflug der Nacht. Wird nie der Liebe geheimes Opfer ewig brennen? Zugemessen ward dem Lichte seine Zeit; aber zeitlos und raumlos ist der Nacht Herrschaft. – Ewig ist die Dauer des Schlafs. Heiliger Schlaf – beglücke zu selten nicht der Nacht Geweihte in diesem irdischen Tagewerk. Nur die Thoren verkennen dich und wissen von keinem Schlafe, als den Schatten, den du in jener Dämmerung der wahrhaften Nacht mitleidig auf uns wirfst. Sie fühlen dich nicht in der goldnen Flut der Trauben – in des Mandelbaums Wunderöl, und dem braunen Safte des Mohns. Sie wissen nicht, daß du es bist der des zarten Mädchens Busen umschwebt und zum Himmel den Schoos macht – ahnden nicht, daß aus alten Geschichten du himmelöffnend entgegentrittst und den Schlüssel trägst zu den Wohnungen der Seligen, unendlicher Geheimnisse schweigender Bote.

3.

Einst da ich bittre Thränen vergoß, da in Schmerz aufgelöst meine Hoffnung zerrann, und ich einsam stand am dürren Hügel, der in engen, dunkeln Raum die Gestalt meines Lebens barg – einsam, wie noch kein Einsamer war, von unsäglicher Angst getrieben – kraftlos, nur ein Gedanken des Elends noch. – Wie ich da nach Hülfe umherschaute, vorwärts nicht konnte und rückwärts nicht, und am fliehenden, verlöschten Leben mit unendlicher Sehnsucht hing: – da kam aus blauen Fernen – von den Höhen meiner alten Seligkeit ein Dämmerungsschauer – und mit einemmale riß das Band der Geburt – des Lichtes Fessel. Hin floh die irdische Herrlichkeit und meine Trauer mit ihr – zusammen floß die Wehmuth in eine neue, unergründliche Welt – du Nachtbegeisterung, Schlummer des Himmels kamst über mich – die Gegend hob sich sacht empor; über der Gegend schwebte mein entbundner, neugeborner Geist. Zur Staubwolke wurde der Hügel – durch die Wolke sah ich die verklärten Züge der Geliebten. In ihren Augen ruhte die Ewigkeit – ich faßte ihre Hände, und die Thränen wurden ein funkelndes, unzerreißliches Band. Jahrtausende zogen abwärts in die Ferne, wie Ungewitter. An Ihrem Halse weint ich dem neuen Leben entzückende Thränen. – Es war der erste, einzige Traum – und erst seitdem fühl ich ewigen, unwandelbaren Glauben an den Himmel der Nacht und sein Licht, die Geliebte.

4.

Nun weiß ich, wenn der letzte Morgen seyn wird – wenn das Licht nicht mehr die Nacht und die Liebe scheucht – wenn der Schlummer ewig und nur Ein unerschöpflicher Traum seyn wird. Himmlische Müdigkeit fühl ich in mir. – Weit und ermüdend ward mir die Wallfahrt zum heiligen Grabe, drückend das Kreutz. Die krystallene Woge, die gemeinen Sinnen unvernehmlich, in des Hügels dunkeln Schooß quillt, an dessen Fuß die irdische Flut bricht, wer sie gekostet, wer oben stand auf dem Grenzgebürge der Welt, und hinübersah in das neue Land, in der Nacht Wohnsitz – warlich der kehrt nicht in das Treiben der Welt zurück, in das Land, wo das Licht in ewiger Unruh hauset.

Oben baut er sich Hütten, Hütten des Friedens, sehnt sich und liebt, schaut hinüber, bis die willkommenste aller Stunden hinunter ihn in den Brunnen der Quelle zieht – das Irdische schwimmt oben auf, wird von Stürmen zurückgeführt, aber was heilig durch der Liebe Berührung ward, rinnt aufgelöst in verborgenen Gängen auf das jenseitige Gebiet, wo es, wie Düfte, sich mit entschlummerten Lieben mischt.

Noch weckst du, muntres Licht den Müden zur Arbeit – flößest fröhliches Leben mir ein – aber du lockst mich von der Erinnerung moosigem Denkmal nicht. Gern will ich die fleißigen Hände rühren, überall umschaun, wo du mich brauchst – rühmen deines Glanzes volle Pracht – unverdroßen verfolgen deines künstlichen Werks schönen Zusammenhang – gern betrachten deiner gewaltigen, leuchtenden Uhr sinnvollen Gang – ergründen der Kräfte Ebenmaß und die Regeln des Wunderspiels unzähliger Räume und ihrer Zeiten. Aber getreu der Nacht bleibt mein geheimes Herz, und der schaffenden Liebe, ihrer Tochter. Kannst du mir zeigen ein ewig treues Herz? hat deine Sonne freundliche Augen, die mich erkennen? fassen deine Sterne meine verlangende Hand? Geben mir wieder den zärtlichen Druck und das kosende Wort? Hast du mit Farben und leichtem Umriß Sie geziert – oder war Sie es, die deinem Schmuck höhere, liebere Bedeutung gab? Welche Wollust, welchen Genuß bietet dein Leben, die aufwögen des Todes Entzückungen? Trägt nicht alles, was uns begeistert, die Farbe der Nacht? Sie trägt dich mütterlich und ihr verdankst du all deine Herrlichkeit. Du verflögst in dir selbst – in endlosen Raum zergingst du, wenn sie dich nicht hielte, dich nicht bände, daß du warm würdest und flammend die Welt zeugtest. Warlich ich war, eh du warst – die Mutter schickte mit meinen Geschwistern mich, zu bewohnen deine Welt, sie zu heiligen mit Liebe, daß sie ein ewig angeschautes Denkmal werde – zu bepflanzen sie mit unverwelklichen Blumen. Noch reiften sie nicht diese göttlichen Gedanken – Noch sind der Spuren unserer Offenbarung wenig – Einst zeigt deine Uhr das Ende der Zeit, wenn du wirst wie unser einer, und voll Sehnsucht und Inbrunst auslöschest und stirbst. In mir fühl ich deiner Geschäftigkeit Ende – himmlische Freyheit, selige Rückkehr. In wilden Schmerzen erkenn ich deine Entfernung von unsrer Heymath, deinen Widerstand gegen den alten, herrlichen Himmel. Deine Wuth und dein

Toben ist vergebens. Unverbrennlich steht das Kreutz — eine Siegesfahne unsers Geschlechts.

Hinüber wall ich,
Und jede Pein
Wird einst ein Stachel
Der Wollust seyn.
Noch wenig Zeiten,
So bin ich los,
Und liege trunken
Der Lieb' im Schooß.
Unendliches Leben
Wogt mächtig in mir
Ich schaue von oben
Herunter nach dir.
An jenem Hügel
Verlischt dein Glanz —

Ein Schatten bringet
Den kühlenden Kranz.
O! sauge, Geliebter,
Gewaltig mich an,
Daß ich entschlummern
Und lieben kann.
Ich fühle des Todes
Verjüngende Flut,
Zu Balsam und Aether
Verwandelt mein Blut —
Ich lebe bey Tage
Voll Glauben und Muth
Und sterbe die Nächte
In heiliger Glut.

5.

Ueber der Menschen weitverbreitete Stämme herrschte vor Zeiten ein eisernes Schicksal mit stummer Gewalt. Eine dunkle, schwere Binde lag um ihre bange Seele — Unendlich war die Erde — der Götter Aufenthalt, und ihre Heymath. Seit Ewigkeiten stand ihr geheimnißvoller Bau. Ueber des Morgens rothen Bergen, in des Meeres heiligem Schooß wohnte die Sonne, das allzündende, lebendige Licht.

Ein alter Riese trug die selige Welt. Fest unter Bergen lagen die Ursöhne der Mutter Erde. Ohnmächtig in ihrer zerstörenden Wuth gegen das neue herrliche Göttergeschlecht und dessen Verwandten, die frölichen Menschen. Des Meers dunkle, grüne Tiefe war einer Göttin Schooß. In den krystallenen Grotten schwelgte ein üppiges Volk. Flüsse, Bäume, Blumen und Thiere hatten menschlichen Sinn. Süßer schmeckte der Wein von sichtbarer Jugendfülle geschenkt – ein Gott in den Trauben – eine liebende, mütterliche Göttin, empor wachsend in vollen goldenen Garben – der Liebe heilger Rausch ein süßer Dienst der schönsten Götterfrau – ein ewig buntes Fest der Himmelskinder und der Erdbewohner rauschte das Leben, wie ein Frühling, durch die Jahrhunderte hin – Alle Geschlechter verehrten kindlich die zarte, tausendfältige Flamme, als das höchste der Welt. Ein Gedanke nur war es, Ein entsetzliches Traumbild,

> Das furchtbar zu den frohen Tischen trat
> Und das Gemüth in wilde Schrecken hüllte.
> Hier wußten selbst die Götter keinen Rath
> Der die beklommne Brust mit Trost erfüllte.
> Geheimnißvoll war dieses Unholds Pfad
> Deß Wuth kein Flehn und keine Gabe stillte;
> Es war der Tod, der dieses Lustgelag
> Mit Angst und Schmerz und Thränen unterbrach.

> Auf ewig nun von allem abgeschieden,
> Was hier das Herz in süßer Wollust regt,
> Getrennt von den Geliebten, die hienieden

Vergebne Sehnsucht, langes Weh bewegt,
Schien matter Traum dem Todten nur beschieden,
Ohnmächt'ges Ringen nur ihm auferlegt.
Zerbrochen war die Woge des Genusses
Am Felsen des unendlichen Verdrusses.

Mit kühnem Geist und hoher Sinnenglut
Verschönte sich der Mensch die grause Larve,
Ein sanfter Jüngling löscht das Licht und ruht –
Sanft wird das Ende, wie ein Wehn der Harfe.
Erinnrung schmilzt in kühler Schattenflut,
So sang das Lied dem traurigen Bedarfe.
Doch unenträthselt blieb die ewge Nacht,
Das ernste Zeichen einer fernen Macht.

Zu Ende neigte die alte Welt sich. Des jungen Geschlechts Lustgarten verwelkte – hinauf in den freyeren, wüsten Raum strebten die unkindlichen, wachsenden Menschen. Die Götter verschwanden mit ihrem Gefolge – Einsam und leblos stand die Natur. Mit eiserner Kette band sie die dürre Zahl und das strenge Maaß. Wie in Staub und Lüfte zerfiel in dunkle Worte die unermeßliche Blüthe des Lebens. Entflohn war der beschwörende Glauben, und die allverwandelnde, allverschwisternde Himmelsgenossin, die Fantasie. Unfreundlich blies ein kalter Nordwind über die erstarrte Flur, und die erstarrte Wunderheymath verflog in den Aether. Des Himmels Fernen füllten mit leuchtenden Welten sich. Ins tiefre Heiligthum, in des Gemüths höhern Raum zog mit ihren Mächten die Seele der Welt – zu walten dort bis zum Anbruch der tagenden Weltherrlichkeit. Nicht mehr war das Licht der Götter Aufenthalt und himmlisches Zeichen – den Schleyer der Nacht warfen sie über sich. Die Nacht ward der Offenbarungen mächtiger Schoos – in ihn kehrten die Götter zurück – schlummerten ein, um in neuen herrlichern Gestalten auszugehn über die veränderte Welt. Im Volk, das vor allen verachtet zu früh reif und der seligen Unschuld der Jugend trotzig fremd geworden war, erschien mit niegesehenem Angesicht die neue Welt – In der Armuth dichterischer Hütte – Ein Sohn der ersten Jungfrau und Mutter – Geheimnißvoller Umarmung unendliche Frucht. Des Morgenlands ahndende, blütenreiche Weisheit erkannte zuerst der neuen Zeit Beginn – Zu des Königs demüthiger Wiege wies ihr ein Stern den Weg. In der weiten Zukunft Namen huldigten sie ihm mit Glanz und Duft, den höchsten Wundern der Natur. Einsam entfaltete das himmlische Herz sich zu einem Blüthenkelch allmächtger Liebe – des Vaters hohem Antlitz zugewandt und ruhend an dem ahndungsselgen Busen der lieblich ernsten Mutter. Mit vergötternder Inbrunst schaute das weissagende Auge des blühenden Kindes auf die Tage der Zukunft, nach seinen Geliebten, den Sprossen seines Götterstamms, unbekümmert über seiner Tage irdisches Schicksal. Bald sammelten die kindlichsten Gemüther von inniger Liebe wundersam ergriffen sich um ihn her. Wie Blumen keimte ein neues fremdes Leben in seiner Nähe. Unerschöpfliche Worte und der Botschaften fröhlichste fielen wie Funken eines göttlichen Geistes von seinen freundlichen Lippen. Von ferner Küste, unter Hellas heiterm Himmel geboren, kam ein Sänger nach Palästina und ergab sein ganzes Herz dem Wunderkinde:

> Der Jüngling bist du, der seit langer Zeit
> Auf unsern Gräbern steht in tiefen Sinnen;
> Ein tröstlich Zeichen in der Dunkelheit –
> Der höhern Menschheit freudiges Beginnen.
> Was uns gesenkt in tiefe Traurigkeit
> Zieht uns mit süßer Sehnsucht nun von hinnen.
> Im Tode ward das ewge Leben kund,
> D[u] bist der Tod und machst uns erst gesund.

Der Sänger zog voll Freudigkeit nach Indostan – das Herz von süßer Liebe trunken; und schüttete in feurigen Gesängen es unter jenem milden Himmel aus, daß tausend Herzen sich zu ihm neigten, und die frölische Botschaft tausendzweigig emporwuchs. Bald nach des Sängers Abschied ward das köstliche Leben ein Opfer des menschlichen tiefen Verfalls – Er starb in jungen Jahren, weggerissen von der geliebten Welt, von der weinenden Mutter und seinen zagenden Freunden. Der unsäglichen Leiden dunkeln Kelch leerte der liebliche Mund – In entsetzlicher Angst nahte die Stunde der Geburt der neuen Welt. Hart rang er mit des alten Todes Schrecken – Schwer lag der Druck der alten Welt auf ihm. Noch einmal sah er freundlich nach der Mutter – da kam der ewigen Liebe lösende Hand – und er entschlief. Nur wenig Tage hing ein tiefer Schleyer über das brausende Meer, über das bebende Land – unzählige Thränen weinten die Geliebten – Entsiegelt ward das Geheimniß – himmlische Geister hoben den uralten

Stein vom dunkeln Grabe. Engel saßen bey dem Schlummernden – aus seinen Träumen zartgebildet – Erwacht in neuer Götterherrlichkeit erstieg er die Höhe der neugebornen Welt – begrub mit eigner Hand der Alten Leichnam in die verlaßne Höhle, und legte mit allmächtiger Hand den Stein, den keine Macht erhebt, darauf.

Noch weinen deine Lieben Thränen der Freude, Thränen der Rührung und des unendlichen Danks an deinem Grabe – sehn dich noch immer, freudig erschreckt, auferstehn – und sich mit dir; sehn dich weinen mit süßer Inbrunst an der Mutter seligem Busen, ernst mit den Freunden wandeln, Worte sagen, wie vom Baum des Lebens gebrochen; sehen dich eilen mit voller Sehnsucht in des Vaters Arm, bringend die junge Menschheit, und der goldnen Zukunft unversieglichen Becher. Die Mutter eilte bald dir nach – in himmlischem Triumpf – Sie war die Erste in der neuen Heymath bey dir. Lange Zeiten entflossen seitdem, und in immer höherm Glanze regte deine neue Schöpfung sich – und tausende zogen aus Schmerzen und Qualen, voll Glauben und Sehnsucht und Treue dir nach – wallen mit dir und der himmlischen Jungfrau im Reiche der Liebe – dienen im Tempel des himmlischen Todes und sind in Ewigkeit dein.

    Gehoben ist der Stein –
    Die Menschheit ist erstanden –
    Wir alle bleiben dein
    Und fühlen keine Banden.
    Der herbste Kummer fleucht

Vor deiner goldnen Schaale,
Wenn Erd und Leben weicht,
Im letzten Abendmahle.

Zur Hochzeit ruft der Tod —
Die Lampen brennen helle —
Die Jungfraun sind zur Stelle
Um Oel ist keine Noth —
Erklänge doch die Ferne
Von deinem Zuge schon,
Und ruften uns die Sterne
Mit Menschenzung' und Ton.

Nach dir, Maria, heben
Schon tausend Herzen sich.
In diesem Schattenleben
Verlangten sie nur dich.
Sie hoffen zu genesen
Mit ahndungsvoller Lust —
Drückst du sie, heilges Wesen,
An deine treue Brust.

So manche, die sich glühend
In bittrer Qual verzehrt,
Und dieser Welt entfliehend
Nach dir sich hingekehrt;
Die hülfreich uns erschienen
In mancher Noth und Pein —
Wir kommen nun zu ihnen
Um ewig da zu seyn.

Nun weint an keinem Grabe,
Für Schmerz, wer liebend glaubt.
Der Liebe süße Habe
Wird keinem nicht geraubt –
Die Sehnsucht ihm zu lindern,
Begeistert ihn die Nacht –
Von treuen Himmelskindern
Wird ihm sein Herz bewacht.

Getrost, das Leben schreitet
Zum ewgen Leben hin;
Von innrer Glut geweitet
Verklärt sich unser Sinn.
Die Sternwelt wird zerfließen
Zum goldnen Lebenswein,
Wir werden sie genießen
Und lichte Sterne seyn.

Die Lieb' ist frey gegeben,
Und keine Trennung mehr.
Es wogt das volle Leben
Wie ein unendlich Meer,
Nur Eine Nacht der Wonne –
Ein ewiges Gedicht –
Und unser aller Sonne
Ist Gottes Angesicht.

6.

Sehnsucht nach dem Tode

Hinunter in der Erde Schooß,
Weg aus des Lichtes Reichen,
Der Schmerzen Wuth und wilder Stoß
Ist froher Abfahrt Zeichen.
Wir kommen in dem engen Kahn
Geschwind am Himmelsufer an,

Gelobt sey uns die ewge Nacht,
Gelobt der ewge Schlummer.
Wohl hat der Tag uns warm gemacht,
Und welk der lange Kummer.
Die Lust der Fremde ging uns aus,
Zum Vater wollen wir nach Haus.

Was sollen wir auf dieser Welt
Mit unsrer Lieb' und Treue.
Das Alte wird hintangestellt,
Was soll uns dann das Neue.
O! einsam steht und tiefbetrübt,
Wer heiß und fromm die Vorzeit liebt.

Die Vorzeit wo die Sinne licht
In hohen Flammen brannten,
Des Vaters Hand und Angesicht
Die Menschen noch erkannten.
Und hohen Sinns, einfältiglich
Noch mancher seinem Urbild glich.

Die Vorzeit, wo noch blüthenreich
Uralte Stämme prangten,
Und Kinder für das Himmelreich
nach Quaal und Tod verlangten.
Und wenn auch Lust und Leben sprach
Doch manches Herz für Liebe brach.

Die Vorzeit, wo in Jugendglut
Gott selbst sich kundgegeben
Und frühem Tod in Liebesmuth
Geweiht sein süßes Leben.
Und Angst und Schmerz nicht von sich trieb,
Damit er uns nur theuer blieb.

Mit banger Sehnsucht sehn wir sie
In dunkle Nacht gehüllet,
In dieser Zeitlichkeit wird nie
Der heiße Durst gestillet.
Wir müssen nach der Heymath gehn,
Um diese heilge Zeit zu sehn.

Was hält noch unsre Rückkehr auf,
Die Liebsten ruhn schon lange.
Ihr Grab schließt unsern Lebenslauf,
Nun wird uns weh und bange.
Zu suchen haben wir nichts mehr —
Das Herz ist satt — die Welt ist leer.

Unendlich und geheimnißvoll
Durchströmt uns süßer Schauer —
Mir däucht, aus tiefen Fernen scholl

Ein Echo unsrer Trauer.
Die Lieben sehnen sich wohl auch
Und sandten uns der Sehnsucht Hauch.

Hinunter zu der süßen Braut,
Zu Jesus, dem Geliebten –
Getrost, die Abenddämmrung graut
Den Liebenden, Betrübten.
Ein Traum bricht unsre Banden los
Und senkt uns in des Vaters Schooß.

GEISTLICHE LIEDER

I.

Was wär ich ohne dich gewesen?
Was würd' ich ohne dich nicht seyn?
Zu Furcht und Aengsten auserlesen,
Ständ' ich in weiter Welt allein.
Nichts wüßt' ich sicher, was ich liebte,
Die Zukunft wär ein dunkler Schlund;
Und wenn mein Herz sich tief betrübte,
Wem thät' ich meine Sorge kund?

Einsam verzehrt von Lieb' und Sehnen,
Erschien' mir nächtlich jeder Tag;
Ich folgte nur mit heißen Thränen
Dem wilden Lauf des Lebens nach.
Ich fände Unruh im Getümmel,
Und hoffnungslosen Gram zu Haus.
Wer hielte ohne Freund im Himmel,
Wer hielte da auf Erden aus?

Hat Christus sich mir kund gegeben,
Und bin ich seiner erst gewiß,
Wie schnell verzehrt ein lichtes Leben
Die bodenlose Finsterniß.
Mit ihm bin ich erst Mensch geworden;
Das Schicksal wird verklärt durch ihn,
Und Indien muß selbst in Norden
Um den Geliebten fröhlich blühn.

Das Leben wird zur Liebesstunde,
Die ganze Welt spricht Lieb' und Lust.
Ein heilend Kraut wächst jeder Wunde,
Und frey und voll klopft jede Brust.
Für alle seine tausend Gaben
Bleib' ich sein demuthvolles Kind,
Gewiß ihn unter uns zu haben,
Wenn zwey auch nur versammelt sind.

O! geht hinaus auf allen Wegen,
Und hohlt die Irrenden herein,
Streckt jedem eure Hand entgegen,
Und ladet froh sie zu uns ein.
Der Himmel ist bey uns auf Erden,
Im Glauben schauen wir ihn an;
Die Eines Glaubens mit uns werden,
Auch denen ist er aufgethan.

Ein alter, schwerer Wahn von Sünde
War fest an unser Herz gebannt;
Wir irrten in der Nacht wie Blinde,
Von Reu und Lust zugleich entbrannt.
Ein jedes Werk schien uns Verbrechen,
Der Mensch ein Götterfeind zu seyn,
Und schien der Himmel uns zu sprechen,
So sprach er nur von Tod und Pein.

Das Herz, des Lebens reiche Quelle,
Ein böses Wesen wohnte drinn;
Und wards in unserm Geiste helle,
So war nur Unruh der Gewinn.

Ein eisern Band hielt an der Erde
Die bebenden Gefangnen fest;
Furcht vor des Todes Richterschwerdte
Verschlang der Hoffnung Ueberrest.

Da kam ein Heiland, ein Befreyer,
Ein Menschensohn, voll Lieb' und Macht;
Und hat ein allbelebend Feuer
In unserm Innern angefacht.
Nun sahn wir erst den Himmel offen
Als unser altes Vaterland,
Wir konnten glauben nun und hoffen,
Und fühlten uns mit Gott verwandt.

Seitdem verschwand bey uns die Sünde,
Und fröhlich wurde jeder Schritt;
Man gab zum schönsten Angebinde
Den Kindern diesen Glauben mit;
Durch ihn geheiligt zog das Leben
Vorüber, wie ein sel'ger Traum,
Und, ew'ger Lieb' und Lust ergeben,
Bemerkte man den Abschied kaum.

Noch steht in wunderbarem Glanze
Der heilige Geliebte hier,
Gerührt von seinem Dornenkranze
Und seiner Treue weinen wir.
Ein jeder Mensch ist uns willkommen,
Der seine Hand mit uns ergreift,
Und in sein Herz mit aufgenommen
Zur Frucht des Paradieses reift.

II.

Fern in Osten wird es helle,
Graue Zeiten werden jung;
Aus der lichten Farbenquelle,
Einen langen tiefen Trunk!
Alter Sehnsucht heilige Gewährung,
Süße Lieb' in göttlicher Verklärung.

Endlich kommt zur Erde nieder
Aller Himmel sel'ges Kind,
Schaffend im Gesang weht wieder
Um die Erde Lebenswind,
Weht zu neuen ewig lichten Flammen
Längst verstiebte Funken hier zusammen.

Ueberall entspringt aus Grüften
Neues Leben, neues Blut,
Ew'gen Frieden uns zu stiften,
Taucht er in die Lebensfluth;
Steht mit vollen Händen in der Mitte
Liebevoll gewärtig jeder Bitte.

Lasse seine milden Blicke
Tief in deine Seele gehn,
Und von seinem ewgen Glücke
Sollst du dich ergriffen sehn.
Alle Herzen, Geister und die Sinnen
Werden einen neuen Tanz beginnen.

Greife dreist nach seinen Händen,
Präge dir sein Antlitz ein,
Mußt dich immer nach ihm wenden,
Blüthe nach dem Sonnenschein;
Wirst du nur das ganze Herz ihm zeigen,
Bleibt er wie ein treues Weib dir eigen.

Unser ist sie nun geworden,
Gottheit, die uns oft erschreckt,
Hat im Süden und im Norden
Himmelskeime rasch geweckt,
Und so laßt im vollen Gottesgarten
Treu uns jede Knosp' und Blüthe warten.

III.

Wer einsam sitzt in seiner Kammer,
Und schwere, bittre Thränen weint,
Wem nur gefärbt von Noth und Jammer
Die Nachbarschaft umher erscheint;

Wer in das Bild vergangner Zeiten
Wie tief in einen Abgrund sieht,
In welchen ihn von allen Seiten
Ein süßes Weh hinunter zieht; –

Es ist, als lägen Wunderschätze
Da unten für ihn aufgehäuft,
Nach deren Schloß in wilder Hetze
Mit athemloser Brust er greift.

Die Zukunft liegt in öder Dürre
Entsetzlich lang und bang vor ihm –
Er schweift umher, allein und irre,
Und sucht sich selbst mit Ungestüm.

Ich fall' ihm weinend in die Arme:
Auch mir war einst, wie dir, zu Muth,
Doch ich genas von meinem Harme,
Und weiß nun, wo man ewig ruht.

Dich muß, wie mich ein Wesen trösten,
Das innig liebte, litt und starb;
Das selbst für die, die ihm am wehsten
Gethan, mit tausend Freuden starb.

Er starb, und dennoch alle Tage
Vernimmst du seine Lieb' und ihn,
Und kannst getrost in jeder Lage
Ihn zärtlich in die Arme ziehn.

Mit ihm kommt neues Blut und Leben
In dein erstorbenes Gebein –
Und wenn du ihm dein Herz gegeben,
So ist auch seines ewig dein.

Was du verlohrst, hat er gefunden;
Du triffst bey ihm, was du geliebt:
Und ewig bleibt mit dir verbunden,
Was seine Hand dir wiedergiebt.

IV.

Unter tausend frohen Stunden,
So im Leben ich gefunden,
Blieb nur eine mir getreu;
Eine, wo in tausend Schmerzen
Ich erfuhr in meinem Herzen,
Wer für uns gestorben sey.

Meine Welt war mir zerbrochen,
Wie von einem Wurm gestochen
Welkte Herz und Blüthe mir;
Meines Lebens ganze Habe,
Jeder Wunsch lag mir im Grabe,
Und zur Qual war ich noch hier.

Da ich so im stillen krankte,
Ewig weint' und wegverlangte,
Und nur blieb vor Angst und Wahn:
Ward mir plötzlich, wie von oben
Weg des Grabes Stein gehoben,
Und mein Innres aufgetan.

Wen ich sah, und wen an seiner
Hand erblickte, frage Keiner,
Ewig werd' ich dieß nur sehn;
Und von allen Lebensstunden
Wird nur die, wie meine Wunden
Ewig heiter, offen stehn.

V.

Wenn ich ihn nur habe,
Wenn er mein nur ist,
Wenn mein Herz bis hin zum Grabe
Seine Treue nie vergißt:
Weiß ich nichts von Leide,
Fühle nichts, als Andacht, Lieb' und Freude.

Wenn ich ihn nur habe
Lass' ich alles gern,
Folg' an meinem Wanderstabe
Treugesinnt nur meinem Herrn;
Lasse still die Andern
Breite, lichte, volle Straßen wandern.

Wenn ich ihn nur habe,
Schlaf' ich fröhlich ein,
Ewig wird zu süßer Labe
Seines Herzens Fluth mir seyn,
Die mit sanftem Zwingen
Alles wird erweichen und durchdringen.

Wenn ich ihn nur habe,
Hab' ich auch die Welt;
Selig, wie ein Himmelsknabe,
Der der Jungfrau Schleyer hält.
Hingesenkt im Schauen
Kann mir vor dem Irdischen nicht grauen.

Wo ich ihn nur habe,
Ist mein Vaterland;
Und es fällt mir jede Gabe
Wie ein Erbtheil in die Hand;
Längst vermißte Brüder
Find' ich nun in seinen Jüngern wieder.

VI.

Wenn alle untreu werden,
So bleib' ich dir doch treu;
Daß Dankbarkeit auf Erden
Nicht ausgestorben sey.
Für mich umfing dich Leiden,
Vergingst für mich in Schmerz;
Drum geb' ich dir mit Freuden
Auf ewig dieses Herz.

Oft muß ich bitter weinen,
Daß du gestorben bist,
Und mancher von den Deinen
Dich lebenslang vergißt.
Von Liebe nur durchdrungen
Hast du so viel gethan,
Und doch bist du verklungen,
Und keiner denkt daran.

Du stehst voll treuer Liebe
Noch immer jedem bey,
Und wenn dir keiner bliebe,

So bleibst du dennoch treu;
Die treuste Liebe sieget,
Am Ende fühlt man sie,
Weint bitterlich und schmieget
Sich kindlich an dein Knie.

Ich habe dich empfunden,
O! lasse nicht von mir;
Laß innig mich verbunden
Auf ewig seyn mit dir.
Einst schauen meine Brüder
Auch wieder himmelwärts,
Und sinken liebend nieder,
Und fallen dir ans Herz.

VII.

Hymne

Wenige wissen
Das Geheimniß der Liebe,
Fühlen Unersättlichkeit
Und ewigen Durst.
Des Abendmahls
Göttliche Bedeutung
Ist den irdischen Sinnen Räthsel;
Aber wer jemals
Von heißen, geliebten Lippen
Athem des Lebens sog,
Wem heilige Gluth

In zitternde Wellen das Herz schmolz,
Wem das Auge aufging,
Daß er des Himmels
Unergründliche Tiefe maß,
Wird essen von seinem Leibe
Und trinken von seinem Blute
Ewiglich.

Wer hat des irdischen Leibes
Hohen Sinn errathen?
Wer kann sagen,
Daß er das Blut versteht?
Einst ist alles Leib,
Ein Leib,
In himmlischem Blute
Schwimmt das selige Paar. –

O! daß das Weltmeer
Schon eröthete,
Und in duftiges Fleisch
Aufquölle der Fels!
Nie endet das süße Mahl,
Nie sättigt die Liebe sich.
Nicht innig, nicht eigen genug
Kann sie haben den Geliebten.
Von immer zärteren Lippen
Verwandelt wird das Genossene
Inniglicher und näher.

Heißere Wollust
Durchbebt die Seele.

Durstiger und hungriger
Wird das Herz:
Und so währet der Liebe Genuß
Von Ewigkeit zu Ewigkeit.
Hätten die Nüchternen
Einmal gekostet,
Alles verließen sie,
Und setzten sich zu uns
An den Tisch der Sehnsucht,
Der nie leer wird.
Sie erkennten der Liebe
Unendliche Fülle,
Und priesen die Nahrung
Von Leib und Blut.

VIII.

Weinen muß ich, immer weinen:
Möcht' er einmal nur erscheinen,
Einmal nur von Ferne mir.
Heilge Wehmuth! ewig währen
Meine Schmerzen, meine Zähren;
Gleich erstarren möcht' ich hier.

Ewig seh ich ihn nur leiden,
Ewig bittend ihn verscheiden.
O! daß dieses Herz nicht bricht,
Meine Augen sich nicht schließen,
Ganz in Thränen zu zerfließen,
Dieses Glück verdient' ich nicht.

Weint denn keiner nicht von allen?
Soll sein Nahme so verfallen?
Ist die Welt auf einmal todt?
Werd' ich nie aus seinen Augen
Wieder Lieb' und Leben saugen?
Ist er nun auf ewig todt?

Todt, – was kann, was soll das heißen?
O! so sagt mir doch ihr Weisen,
Sagt mir diese Deutung an.
Er ist stumm, und alle schweigen,
Keiner kann auf Erden zeigen,
Wo mein Herz ihn finden kann.

Nirgend kann ich hier auf Erden
Jemals wieder glücklich werden,
Alles ist ein düstrer Traum.
Ich bin auch mit ihm verschieden,
Läg' ich doch mit ihm in Frieden
Schon im unterirdschen Raum.

Du, sein Vater und der meine,
Sammle du doch mein Gebeine
Zu dem seinigen nur bald.
Grün wird bald sein Hügel stehen
Und der Wind darüber wehen,
Und verwesen die Gestalt.

Wenn sie seine Liebe wüsten,
Alle Menschen würden Christen,
Ließen alles andre stehn;

Liebten alle nur den Einen,
Würden alle mit mir weinen
Und in bitterm Weh vergehn.

IX.

Ich sag' es jedem, daß er lebt
Und auferstanden ist,
Daß er in unsrer Mitte schwebt
Und ewig bei uns ist.

Ich sag' es jedem, jeder sagt
Es seinen Freunden gleich,
Daß bald an allen Orten tagt
Das neue Himmelreich.

Jetzt scheint die Welt dem neuen Sinn
Erst wie ein Vaterland;
Ein neues Leben nimmt man hin
Entzückt aus seiner Hand.

Hinunter in das tiefe Meer
Versank des Todes Graun,
Und jeder kann nun leicht und hehr
In seine Zukunft schaun.

Der dunkle Weg, den er betrat,
Geht in den Himmel aus,
Und wer nur hört auf seinen Rath,
Kommt auch in Vaters Haus.

Nun weint auch keiner mehr allhie,
Wenn Eins die Augen schließt,
Vom Wiedersehn, spät oder früh,
Wird dieser Schmerz versüßt.

Es kann zu jeder guten That
Ein jeder frischer glühn,
Denn herrlich wird ihm diese Saat
In schönern Fluren blühn.

Er lebt, und wird nun bei uns seyn,
Wenn alles uns verläßt!
Und so soll dieser Tag uns seyn
Ein Weltverjüngungs-Fest.

X.

Es giebt so bange Zeiten,
Es giebt so trüben Muth,
Wo alles sich von weiten
Gespenstisch zeigen thut.

Es schleichen wilde Schrecken
So ängstlich leise her,
Und tiefe Nächte decken
Die Seele zentnerschwer.

Die sichern Stützen schwanken,
Kein Halt der Zuversicht;
Der Wirbel der Gedanken
Gehorcht dem Willen nicht.

Der Wahnsinn steht und locket
Unwiderstehlich hin.
Der Puls des Lebens stocket,
Und stumpf ist jeder Sinn.

Wer hat das Kreuz erhoben
Zum Schutz für jedes Herz?
Wer wohnt im Himmel droben,
Und hilft in Angst und Schmerz?

Geh zu dem Wunderstamme,
Gieb stiller Sehnsucht Raum,
Aus ihm geht eine Flamme
Und zehrt den schweren Traum.

Ein Engel zieht dich wieder
Gerettet auf den Strand,
Und schaust voll Freuden nieder
In das gelobte Land.

XI.

Ich weiß nicht, was ich suchen könnte,
Wär jenes liebe Wesen mein,
Wenn er mich seine Freude nennte,
Und bei mir wär', als wär' ich sein.

So Viele gehn umher und suchen
Mit wild verzerrtem Angesicht,
Sie heißen immer sich die Klugen,
Und kennen diesen Schatz doch nicht.

Der eine denkt, er hat's ergriffen,
Und was er hat, ist nichts als Gold;
Der will die ganze Welt umschiffen,
Nichts als ein Nahme wird sein Sold.

Der läuft nach einem Siegerkranze
Und Der nach einem Lorbeerzweig,
Und so wird von verschiednem Glanze
Getäuscht ein jeder, keiner reich.

Hat er sich euch nicht kund gegeben?
Vergaßt ihr, wer für euch erblich?
Wer uns zu Lieb' aus diesem Leben
In bittrer Qual verachtet wich?

Habt ihr von ihm denn nichts gelesen,
Kein armes Wort von ihm gehört?
Wie himmlisch gut er uns gewesen,
Und welches Gut er uns bescheert?

Wie er vom Himmel hergekommen,
Der schönsten Mutter hohes Kind?
Welch Wort die Welt von ihm vernommen,
Wie viel durch ihn genesen sind?

Wie er von Liebe nur beweget
Sich ganz uns hingegeben hat,
Und in die Erde sich geleget
Zum Grundstein einer Gottesstadt?

Kann diese Bothschaft euch nicht rühren,
Ist so ein Mensch euch nicht genug,
Und öffnet ihr nicht eure Thüren
Dem, der den Abgrund für euch schlug?

Laßt ihr nicht alles willig fahren,
Thut gern auf jeden Wunsch Verzicht,
Wollt euer Herz nur ihm bewahren,
Wenn er euch seine Huld verspricht?

Nimm du mich hin, du Held der Liebe!
Du bist mein Leben, meine Welt,
Wenn nichts vom Irdischen mir bliebe,
So weiß ich, wer mich schadlos hält.

Du giebst mir meine Lieben wieder,
Du bleibst in Ewigkeit mir treu,
Anbetend sinkt der Himmel nieder,
Und dennoch wohnest du mir bei.

XII.

Wo bleibst du Trost der ganzen Welt?
Herberg' ist dir schon längst bestellt.
Verlangend sieht ein jedes dich,
Und öffnet deinem Segen sich.

Geuß, Vater, ihn gewaltig aus,
Gieb ihn aus deinem Arm heraus:
Nur Unschuld, Lieb' und süße Schaam
Hielt ihn, daß er nicht längst schon kam.

Treib ihn von dir in unsern Arm,
Daß er von deinem Hauch noch warm;
In schweren Wolken sammle ihn
Und laß ihn so hernieder ziehn.

In kühlen Strömen send' ihn her,
In Feuerflammen lodre er,
In Luft und Oel, in Klang und Thau
Durchdring' er unsrer Erde Bau.

So wird der heil'ge Kampf gekämpft,
So wird der Hölle Grimm gedämpft,
Und ewig blühend geht allhier
Das alte Paradies herfür.

Die Erde regt sich, grünt und lebt,
Des Geistes voll ein jedes strebt
Den Heiland lieblich zu empfahn
Und beut die vollen Brüst' ihm an.

Der Winter weicht, ein neues Jahr
Steht an der Krippe Hochaltar.
Es ist das erste Jahr der Welt,
Die sich dies Kind erst selbst bestellt.

Die Augen sehn den Heiland wohl,
Und doch sind sie des Heilands voll,
Von Blumen wird sein Haupt geschmückt,
Aus denen er selbst holdselig blickt.

Er ist der Stern, er ist die Sonn',
Er ist des ewgen Lebens Bronn,
Aus Kraut und Stein und Meer und Licht
Schimmert sein kindlich Angesicht.

In allen Dingen sein kindlich Thun.
Seine heiße Liebe wird nimmer ruhn,
Er schmiegt sich seiner unbewußt
Unendlich fest an jede Brust.

Ein Gott für uns, ein Kind für sich
Liebt er uns all' herzinniglich,
Wird unsre Speis' und unser Trank,
Treusinn ist ihm der liebste Dank.

Das Elend wächst je mehr und mehr,
Ein düstrer Gram bedrückt uns sehr,
Laß, Vater, den Geliebten gehn,
Mit uns wirst du ihn wieder sehn.

XIII.

Wenn in bangen trüben Stunden
Unser Herz beinah verzagt,
Wenn von Krankheit überwunden
Angst in unserm Innern nagt;
Wir der Treugeliebten denken,
Wie sie Gram und Kummer drückt,
Wolken unsern Blick beschränken,
Die kein Hoffnungsstrahl durchblickt:

O! dann neigt sich Gott herüber,
Seine Liebe kommt uns nah,
Sehnen wir uns dann hinüber,
Steht sein Engel vor uns da,
Bringt den Kelch des frischen Lebens,
Lispelt Muth und Trost uns zu;
Und wir beten nicht vergebens
Auch für die Geliebten Ruh.

XIV.

Wer einmal, Mutter, dich erblickt,
Wird vom Verderben nie bestrickt,
Trennung von dir muß ihn betrüben,
Ewig wird er dich brünstig lieben
Und deiner Huld Erinnerung
Bleibt fortan seines Geistes höchster Schwung.

Ich mein' es herzlich gut mit dir.
Was mir gebricht, siehst du in mir.
Laß, süße Mutter, dich erweichen,
Einmal gieb mir ein frohes Zeichen.
Mein ganzes Daseyn ruht in dir,
Nur einen Augenblick sey du bei mir.

Oft, wenn ich träumte, sah ich dich
So schön, so herzensinniglich,
Der kleine Gott auf deinen Armen
Wollt' des Gespielen sich erbarmen;

Du aber hobst den hehren Blick
Und gingst in tiefe Wolkenpracht zurück;

Was hab' ich, Armer, dir gethan?
Noch bet' ich dich voll Sehnsucht an,
Sind deine heiligen Kapellen
Nicht meines Lebens Ruhestellen?
Gebenedeite Königinn
Nimm dieses Herz mit diesem Leben hin.

Du weißt, geliebte Königinn,
Wie ich so ganz dein eigen bin.
Hab' ich nicht schon seit langen Jahren
Im Stillen deine Huld erfahren?
Als ich kaum meiner noch bewußt,
Sog ich schon Milch aus deiner selgen Brust.

Unzähligmal standst du bei mir,
Mit Kindeslust sah ich nach dir,
Dein Kindlein gab mir seine Hände,
Daß es dereinst mich wieder fände;
Du lächeltest voll Zärtlichkeit
Und küßtest mich, o himmelsüße Zeit!

Fern steht nun diese selge Welt,
Gram hat sich längst zu mir gesellt,
Betrübt bin ich umher gegangen,
Hab' ich mich denn so schwer vergangen?
Kindlich berühr' ich deinen Saum,
Erwecke mich aus diesem schweren Traum.

Darf nur ein Kind dein Antlitz schaun,
Und deinem Beistand fest vertraun,
So löse doch des Alters Binde,
Und mache mich zu deinem Kinde:
Die Kindeslieb' und Kindestreu
Wohnt mir von jener goldnen Zeit noch bei.

XV.

Ich sehe dich in tausend Bildern,
Maria, lieblich ausgedrückt,
Doch keins von allen kann dich schildern,
Wie meine Seele dich erblickt.

Ich weiß nur, daß der Welt Getümmel
Seitdem mir wie ein Traum verweht,
Und ein unnennbar süßer Himmel
Mir ewig im Gemüthe steht.

VERMISCHTE GEDICHTE

Vergiß mein nicht!

Vergiß mein nicht, wenn lokre kühle Erde
  Dies Herz einst deckt, das zärtlich für dich schlug.
Denk, daß es dort vollkommen lieben werde,
  Als da voll Schwachheit ichs vielleicht voll Fehler trug.

Dann soll mein freier Geist oft segnend dich umschweben
  Und deinem Geiste Trost und süße Ahnung geben.
Denk, das ichs sei, wenns sanft in deiner Seele spricht:
  Vergiß mein nicht! Vergiß mein nicht!

*Bey der Wiederkunft einer geliebten
Freundin gesungen*

Sei gegrüßt mit Jubel froher Lieder,
  Tag, der mir die Freundin wieder gibt
Bald umarmen kann ich dich nun wieder
  Sagen, wie dich meine Seele liebt.

Nun entfliehn in deinem Arm mir Stunden
  Mit des Sturmwinds schneller Eile hin,
Denn vor dir ist jeder Gram verschwunden,
  Und der Kummer sinkt zu Staube hin.

Holde Freundin, nur an deiner Seite
  Wird mir jede schwere Bürde leicht,

Süßer schmeckt mir jede Lebensfreude,
  Die des Schicksals Hand durch dich mir reicht.

Walzer

Hinunter die Pfade des Lebens gedreht,
  Pausirt nicht, ich bitt euch, so lang es noch geht,
Drückt fester die Mädchen ans klopfende Herz,
  Ihr wißt, wie flüchtig ist Jugend und Scherz.

Laßt fern von uns Zanken und Eifersucht seyn
  Und nimmer die Stunden mit Grillen entweihn.
Dem Schutzgeist der Liebe nur gläubig vertraut:
  Es findet noch jeder gewiß eine Braut.

An Adolph Selmniz

Was paßt, das muß sich ründen,
Was sich versteht, sich finden,
Was gut ist, sich verbinden,
Was liebt, zusammen seyn.
Was hindert, muß entweichen,
Was krumm ist, muß sich gleichen,
Was fern ist, sich erreichen,
Was keimt, das muß gedeihn.

Gieb traulich mir die Hände,
Sey Bruder mir, und wende
Den Blick vor deinem Ende

Nicht wieder weg von mir.
Ein Tempel, wo wir knieen,
Ein Ort, wohin wir ziehen,
Ein Glück, für das wir glühen
Ein Himmel mir und Dir!

Anfang

Es kann kein Rausch seyn – oder ich wäre nicht
Für diesen Stern geboren – nur so von Ohngefähr
    In dieser tollen Welt zu nah an
Meinen magnetischen Kreys gekommen.

Ein Rausch wär wirklich *sittlicher Grazie*
Vollendetes Bewußtseyn? – Glauben an Menschheit wär
    Nur Spielwerk einer frohen Stunde –?
Wäre dis Rausch, was ist dann das Leben?

Soll ich getrennt seyn ewig? – ist Vorgefühl
Der künftigen Vereinigung, dessen, was
    Wir hier für unser schon erkannten,
Aber nicht ganz noch besitzen konnten –

Ist dis auch Rausch? so bliebe der Nüchternheit,
Der Wahrheit nur die Maske, der Thon, und das
    Gefühl der Leere, des Verlustes
Und der vernichtigenden Entsagung.

Womit wird denn belohnt für die Anstrengung
Zu leben wiederwillen, feind von sich selbst zu seyn
    Und tief sich in den Staub getreten
Lächelnd zu sehn – und Bestimmung meynen.

Was führt den Weisen denn durch des Lebens Thal
Als Fackel zu dem höheren Seyn hinauf –
    Soll er nur hier geduldig bauen
Nieder sich legen und ewig todt seyn.

Du bist nicht Rausch – du Stimme des Genius,
Du Anschaun dessen, was uns unsterblich macht,
    Und du Bewußtseyn jenes Werthes,
Der nur erst einzeln allhier erkannt wird.

Einst wird die Menschheit seyn, was Sophie mir
Jetzt ist – vollendet – sittliche Grazie –
    Dann wird ihr *höheres Bewußtseyn*
Nicht mehr verwechselt mit Dunst des Weines.

Am Sonnabend Abend

  Bin ich noch der, der gestern Morgen
  Dem Gott des Leichtsinns Hymnen sang
  Und über allen Ernst und Sorgen
  Der Freude leichte Geißel schwang –
  Der jeder Einladung entgegen,
  Das Herz in beyden Händen, flog
  Und wie ein junges Blut, verwegen
  Auf jedes Abentheuer zog.

Der mit den Kinderschuhen lange
Der Liebe Kartenhaus verließ,
Und wie das Glück, in seinem Gange
An Reiche, wie an Karten, stieß,
Im Kampf der neuen Elemente
Im Geist schon Sieger sang: ça va,
Und schon die Schöpfung im Convente
Und Gott, als Presidenten, sah.

Der schlauer noch, als ein Berliner,
In Mädchen Jesuiten spürt,
Und Vater Adams Gattin kühner
Als wahren Stifter denuncirt.
In dessen Stube längst vergessen
Das Bild des Aberglaubens hieng
Und der zum Spott nur in die Messen
Von den Elftausend Jungfern gieng.

Derselbe kanns nicht seyn, der heute
Beklemmt weit auf die Weste knöpft
Und schweigend an der Morgenseite
So ämsig Luft von dorther schöpft.
Den vierzehn Jahre so entzücken,
(Bald sind die 7 Wochen voll)
Und der in jeden Augenblicken,
Was anders will, was anders soll.

Ist das der Mann der Sieben Weisen
Im Umsehn in die Tasche steckt,
Den schon die kürzeste der Reisen
So wundersam im Schlafe weckt.

Und der noch kaum die stolzen Träume
Der Weisheit lahm fortschleichen sieht,
Als aus dem hoffnungsvollsten Keime
Für ihn ein Rosenstock schon blüht.

O! immer fort der Mann von Gestern,
Was kümmert seine Flucht denn mich –
Die guten Stunden haben Schwestern
Und Schwestern – die gesellen sich.
Damit sie immer sich erkennen
Und immer froh beysammen seyn,
Will ich ein Wort zur Loosung nennen –
Sophie soll die Loosung seyn.

An Caroline,
als ich Ihr, den Sonnabend Abend gab

Darf ich mit der Zeugin meiner Schwächen
Frey und ungefährdet sie besprechen,
Ihrer Theilnehmung gewärtig seyn?
Darf ich holden, süßen Worten trauen
Und gewiß auf meinen Glauben bauen?
Wird mich diese Beichte nie gereun?

Gern gesteh ichs – oft ward ich betrogen,
Wenn von Schmeichelworten angezogen,
Mir der größte Wurf gelungen schien.
Und mir dann, vom Staar gelöst, am Ende
Mühsam nur gelang in meine Hände
Das verspielte Herz zurückzuziehn.

Doch es soll nie meine Hoffnung welken
Leichter wird der Himmel sich entwölken
Einer Stirn, die nicht versiegelt ist.
Zuversicht besticht des Schicksals Launen –
Und im Zuge deiner Augenbrauen
Les' ich eher klugen Rath, als List.

M. und S.
(die Braut des Dichters und ihre verheirathete Schwester)

———

Glücklich vereinigte sie die Hand der bildenden Mutter:
   Was man bei Einer empfand, sagt man der Andern so gern.

———

Siehst du sie beide, so siehst du das Räthsel neben der Lösung.
   Einzeln ist jede für sich Räthsel und Lösung zugleich.

———

Sähst du die liebliche Mutter wohl gern als knospendes Mädchen?
   Oder das Knöspchen erblüht? – Schaue die Lieblichen hier.

Novalis

Zu Sophiens Geburtstag

Wer ein holdes Weib errungen
Stimme seinen Jubel ein.
Mir ist dieser Wurf gelungen
Töne Jubel – die ist mein.

So hat nie das Herz geschlagen
Nie so hoch und nie so gut.
Künftig neigt vor meinen Tagen
Selbst der Glücklichste den Hut.

Fest umschlingt den Bund der Herzen
Nun der Ring der Ewigkeit
Und es bricht der Stab der Schmerzen
Am Altar der Einigkeit.
O –! im Himmel ist geschlossen
Unsrer Herzen süßer Bund.
Ist ein bessrer Spruch entflossen
Je des Schicksals weisen Mund?

Dir gehört nun was ich habe,
Was ich denke, fühle, bin,
Und du nimmst nun jede Gabe
Meines Schicksals für dich hin.
Was ich sucht, hab ich gefunden,
Was ich fand, das fand auch mich,
Und die Geißel meiner Stunden
Zweifelsucht und Leichtsinn wich.

Nimmer soll mein Mund dich loben
Weil mein Herz zu warm dich ehrt.
Tief im Busen aufgehoben
Wohne heimlich mir dein Werth.
Wenn ich wunde Herzen heile
Jede Stunde besser bin
Nie im Guten läßig weile
Dieses Lob nimm dir dann hin.

Liebes Mädchen Deiner Liebe
Dank ich Achtung noch und Werth,
Wenn sich unsre Erdenliebe
Schon in Himmelslust verklärt.
Ohne Dich wär ich noch lange
Trostlos auf und ab geschwankt
Und auf meinem Lebensgange
Oft am Ueberdruß erkrankt.

Wenn nur unsre Mutter wieder
Frisch und ledig bey uns steht
Und im Kreise unsrer Brüder
Stolz die Friedensfahne weht.
Wenn dann noch ein Süßer Trauter
Unsre Lolly fest umschlang –
O –! dann tönt noch zehnfach lauter
Unsres Jubels Hochgesang.

Wenig still durchhoffte Jahre
Leiten unverwandt zum Ziel,
Wo am glücklichen Altare
Endet unsrer Wünsche Spiel,
Uns, auf ewig Eins, verschwinden,
Wölkchen gleich, des Lebens Mühn
Und um unsre Herzen winden
Kränze sich von Immergrün.

Lied beym Punsch
am Abend der Trennung

Sind nicht die Augenblicke
Begeisterten Gefühls
Werth unsers wärmsten Dankes
Und würdig unsers Ziels?
Da steht im frohen Zirkel
Der Menschheit Genius
Und gießt aus voller Schaale
Den edelsten Genuß.

Dem Greis entglimmt in ihnen
Der alten Jugend Glut.
Hier schöpft der Mann zu Thaten
Begeisterung und Muth.
Hoch klopft des Jünglings Busen,
Gerührt wird jedes Herz,
Und jedes drückt voll Liebe
Geschwister nur ans Herz.

Nur solche Feste schmücken
Des Lebens rauhen Pfad;
Nur Herzensfülle hemmet
Des Glückes leichtes Rad.
Wo Freudenthränen glänzen,
Wo Herz zu Herzen spricht,
Mitfühlend jedes fühlet,
Nur da entrollt es nicht.

O! himmlisch tönt in Liedern
Errinnerung an sie,
Und weckt nach langen Jahren
Der Nachwelt Sympathie,
Wir freun uns aller Spuren
Der alten Frölichkeit.
Einst freun sich unsre Enkel
Noch unsrer frohen Zeit.

Drum laßt an diesen Abend,
Der noch vereint uns sieht,
Da uns so bald nicht wieder
Ein solches Stündchen blüht,
Uns jedem unsrer Lieben
Ein Rosenblättchen streun
Und unsern Herzenswünschen
Sodann dies Lied jetzt weihn.

Dem Vater und der Mutter,
Die nichts als Kinder sehn,
Mag bis zum Rand des Lebens
Das Freudenfähnchen wehn.
Und wenn wir leise Wünsche
In Minchens Herz verstehn —
So soll sie Luft der Freyheit
Am eignen Heerd umwehn.

Nur Dauer ihres Glückes
Dem liebenswerthen Paar;
Bringt unserm Fritz und Fritzchen
Dies Glas zum Wunsche dar.

Li[l]i beweise baldigst
Ihr Haushaltungsgenie,
Indeß wir alle singen,
Zieh, lieber Schimmel, zieh!

Leicht falle dein Pantoffel
Bald, Söffchen, auf den Mann,
Der in des Lebens Lotto
Dies Quintchen sich gewann:
Einst geht noch unser Danscour
Als Sansjupon in Klubb.
Und Hannches Kränzchen hole
Baldmöglichst Belzebub.

Was Gast ist soll mitleben,
Es schließe fest sich an
Und wandle mit uns ewig
Und bleib' uns zugethan.
Dem Bruder dort am Rheine,
Den Lieben nah und weit
Sei dieses Glas als Zeichen
Von jedem Wunsch geweiht.

Zum Tempel wird die Stube,
Der Punschtisch zum Altar.
Es bringt der Geist der Liebe
Jetzt seine Opfer dar.
Senkt euren Blick die Stufen
Des Tempels nur hinab
Und haltet fest die Stimmung
Die dieser Blick euch gab.

Ihr schaut in einen Wirbel
Von Menschenschicksal hin
Und forscht und fragt vergebens
Nach dieses Räthsels Sinn.
Einst wird es leicht sich lösen;
Längst ist der Schlüssel da;
Denn war nicht Lieb und Einfalt
Den Menschen immer nah?

Auch ihr könnt freudig walten
Für diesen Zeitbeginn
Wirkt der Natur entgegen
Und wirkt mit Einem Sinn.
Ist jeder gut und thätig
Für Menschenrecht und Wohl,
Und ist auf seiner Stelle
Ein Jedes, was es soll

So wird in süßer Reife
Die Menschheit, himmlisch schön,
Erwacht vom langen Schlummer,
In bessre Zonen gehn.
Belohnt wird, wessen Thaten
In ihrem Herzen glühn –
Doch wer sah je den Garten
Wo dann die Kränze blühn?

Antwort an Carolinen

Den Trost, den ich für mich, oft hoffnungslos, entbehre,
Wenn meine Seele matt im Grübeln sich verliert,
Und sie aus dieser engen Sfäre
Ein guter Engel nicht entführt;
O! diesen Trost in andern zu beseelen
Ward nicht umsonst mir zum Ersatz verliehn –
Für andre glaub' ich viel, für andre kann ich wählen,
Und neue Sayten auf in fremden Busen ziehn.

Verzweifele nicht an dem, wozu in Deinem Herzen
Längst jeder Ton zum Andern wiederklang –
Du bist bestimmt zu Freuden und zu Schmerzen,
Die der nicht fühlt, dem zum Empfang
Kein bessrer Genius das Lied der Weihe sang.
Ausharrende Geduld – ward diese Dir beschieden –
So sage zum voraus dem Schicksal warmen Dank.
Der lange Kampf beschließt – und golden naht der
            Frieden.

Des Schicksals Lieblinge erzieht es lang und rauh.
Oft bricht das schwache Herz – noch glücklich, wenn
            die Stunde,
Die seine lezte heißt – mit süßen Trost im Munde
Den Angstschweiß wandelt um in süßen Lebensthau –
Doch wer sie übersteht der Prüfungen Gefahren,
Wem nie die Zuversicht im bängsten Sturm entfiel –
Erreicht den sauren Preis von stilldurchhofften Jahren
Und sinkt umarmend hin ans Ziel.

Wir haben uns aus tausenden gefunden –
Wir wandeln Einen Weg – Ein Stern ists, der uns führt –
Erkennst Du nicht den Wink – *ich* habe ausgespürt,
Was mein wird – *Dir* sind noch die Augen zugebunden.
Auch ich seh *Ihn* noch nicht – Geduld! – die Binde fällt –
Indeß versöhne Dich die Freundschaft mit der Welt –
Geduldige Dein Herz – zu desto tiefern Zuge
Naht Dir die Liebe dann mit ihrem Nectarkruge.

Einst, laß mir diesen Blick – wenn nicht Entsagung mehr
Und bange Hoffnungen in unserm Herzen wohnen;
Wenn Lieb' und Schicksal uns für manches Opfer lohnen
Und hinter uns nun rauscht der Jugend wildes Meer;
Einst, wenn zum vollen Tisch, am Mittag ihres Lebens,
Vereint ein *Doppelpaar* von *Glücklichen* sich sezt –
Dann denken wir zurück den Vormittag – an *Jezt* –
»Wer hätte das geträumt?« – Nie seufzt das Herz
                            vergebens.
                     Fridrich v. Hardenberg

Im Grüninger Kirchenbuch

   Verblühe denn, du süße Frühlingsblume!
   Gott pflanzte dich ins beßre Leben ein.
   In einer ewgen Liebe Heiligtume,
   Da wirst du ungetrübt uns Himmelswonne sein.

Gedicht
zum 29sten April dem Tage des Gartenkaufs

In diesem Säculo im Jahre Siebenneunzig
Starb hier ein Advocat, in seiner Raçe einzig,
In Praxi wohlgeübt ein Phönix seltner Art,
In welchem Redlichkeit mit Klugheit sich gepaart.
Der Witwe hinterließ er nicht das Geld bey Haufen,
Drum suchte sie sogleich den Garten zu verkaufen,
Mit Bäumen wohl besezt und einen Acker groß,
Verwahrt mit rother Thür und einem großen Schloß.
Die Frau Kreisamtmannin ersuchte de[n] Kreisamtmann
Den Garten zu erstehn, – Sie sprach so sanft:
»Verdammt Mann!
Ein jedes hat allhier so einen Garten Fleck,
Und wir – was haben wir? – wir haben einen –
Es ist nicht auszustehn, wo soll ich lassen trinken?
Und muß die Stube nicht mir an im Sommer stinken?«
Der Ehherr rief den Schmidt aus Confraternität,
Gab ihm den Auftrag, und des Preises Quantität.
Der Auctions Termin ließ immer auf sich warten,
Indeß wir, voll Reform, auf die Entscheidung harrten.
Der Garten ward besehn, bewundert und gelobt,
Und dann voll Ungedult nach Weiberart getobt.
Den neunundzwanzigsten April vergeß ich nimmer.
Apollo reiche mir zuvor den Saytenstimmer!
Früh seifte der Barbier des Herrn Kreisamtmanns Bart,
Als von dem Gartenkauf auch so gesprochen ward.
»Wo trift die Witwe wohl auf bessere Bezahler?
Mein Ultimatum ist: Zweyhundertsechzig Thaler.«
Der Herr der Bärte schrieb sich dieses hinters Ohr,

Und trugs beym nächsten Bart des Curatoris vor.
»Gefunden« schrie entzückt Herr Topf, der Topf der Töpfe,
Springt auf mit halben Bart, sucht seine Hemdenknöpfe
Läuft zur Curandin straks, in Sprung, Galopp und Trab,
Kommt, sieht den Käufer an, und schließt den Handel ab.–
In stolzern Hoffnungen war Cäsar nicht zerronnen,
Als er die große Schlacht bey Pharsalus gewonnen,
Als unsre Rahel jezt, da nun der Schlüssel kam,
Und sie, nach zarten Streit, ihn in Empfang nun nahm.
Beglückwünscht ward sie hoch – bey Tisch ward manch
                                                                        Projekt
Präliminariter von jeden ausgeheckt –
Nur für Reformen und für Hüttchen hat sie Ohren.
Er aber sitzt so kalt, als hätt er taube Ohren.
Wir tranken Caffe erst – ich redte, ohne Ruhm
Zu melden, viel und schön, von neuen Eigenthum.
Dann gingen wir hinaus – es weht ein leises Windchen –
Voraus die Fantasie – wie einst Tobias Hündchen.
Wir langen an – Er reicht den Hut und Schlüssel ihr.
Ein jeder zieht den Hut – auf donnerte die Thür.
Vor Adams offnen Maul lag so das Paradies,
Als hier der Garten sich den trunknen Blicken wieß.
O kühne Muse schweig von diesen Augenblicken,
Viel besser ist es hier die Augen zuzutrücken.
Der zählt den Sand am Meer und Berenicens Haar
Der die Projekte kennt, die hier der Rausch gebar.
Kurz, endlich gingen wir nach vielen Thun und Reden
Wie unser Elterpaar aus diesen Garten Eden.
Nun gingen wir herum, sahn über jeden Zaun ,
Und mußten in der Luft noch manches Schlößchen
                                                                        baun. –

Heil aber Tennstädt Dir — welch Glück ist dir geworden
Mit dieser Bürgerin vom Seraphinen Orden!
Heil dir auch Rahels Ruh — es wird in kurzer Zeit
In Hirschfelds Almanach dir auch ein Blatt geweiht.

Dir aber liebes Paar! wünscht ohne Kapp und Schellen
Ein Freund, den Lieb und Treu euch ewig zugesellen,
Auf diesem trauten Fleck den lieblichen Genuß,
Der tief im Herzen quillt, und nie versiegen muß.
O feyert manches Jahr hier schöne Ruhestunden
Bleibt bis zum späthen Herbst in stiller Lust verbunden!
Und bin ich einst ins Land der Sehnsucht heimgekehrt,
So denkt: auch er wär hier wohl eines Plätzchens werth.
Friedrich von Hardenberg

Der
Fremdling
Den 22sten Jänner 1797
Der Frau B.-R. von Ch. gewidmet

Müde bist du und kalt, Fremdling, du scheinest nicht
Dieses Himmels gewohnt, — wärmere Lüfte wehn
    Deiner Heymath, und freyer
      Hob sich vormals die junge Brust.

Streute ewiger Lenz dort nicht auf stiller Flur
Buntes Leben umher? spann nicht der Frieden dort
    Feste Weben? und blühte
      Dort nicht ewig, was Einmal wuchs?

O! du suchest umsonst – untergegangen ist
Jenes himmlische Land – keiner der Sterblichen
    Weiß den Pfad, den auf immer
    Unzugängliches Meer verhüllt.

Wenig haben sich nur deines verwandten Volks
Noch entrissen der Flut – hierhin und dorthin sind
    Sie gesäet und erwarten
    Bessre Zeiten des Wiedersehns.

Folge willig mir nach – wahrlich ein gut Geschick
Hat hieher dich geführt – Heymathsgenossen sind
    Hier, die eben, im Stillen,
    Heut ein häußliches Fest begehn.

Unverkennbar erscheint dort dir die innige
Herzenseinheit – es strahlt Unschuld und Liebe dir
    Klar von allen Gesichtern,
    Wie vorzeiten im Vaterland.

Lichter hebt sich dein Blick – wahrlich, der Abend wird,
Wie ein freundlicher Traum, schnell dir vorübergehn,
    Wenn in süßem Gespräche
    Sich dein Herz bei den Guten löst –

Seht – der Fremdling ist hier – der aus demselben Land
Sich verbannt fühlt, wie Ihr; traurige Stunden sind
    Ihm geworden – es neigte
    Früh der fröliche Tag sich ihm.

Doch er weilet noch gern, wo er Genossen trifft,
Feiert munter das Fest häuslicher Freuden mit;

Ihn entzücket der Frühling,
Der so frisch um die Eltern blüht.

Daß das heutige Fest oft noch zurückekehrt,
Eh den Weinenden sich ungern die Mutter raubt
    Und auf nächtlichen Pfaden
      Folgt dem Führer ins Vaterland –

Daß der Zauber nicht weicht, welcher das Band beglückt
Eures Bundes – und daß auch die Entfernteren
    Des genießen, und wandern
      Einen fröhlichen Weg mit Euch –

Dieses wünschet der Gast – aber der Dichter sagts
Euch für ihn; denn er schweigt gern, wenn er freudig ist,
    Und er sehnet so eben
      Seine fernen Geliebten her.

Bleibt dem Fremdlinge hold – spärliche Freuden sind
Ihm hienieden gezählt – doch bei so freundlichen
    Menschen sieht er geduldig
      Nach dem großen Geburtstag hin.

Blumen

An den König

Mehr, als ein Königreich gab der Himmel Dir in Louisen,
Aber Du brachtest Ihr auch mehr, als die Krone,
Dein Herz.

Die Alpenrose

Selten haftet auf Höhn ein Funken himmlischen Lebens,
Aber, als Königin, blüht [] dann auch die Rose des
Bergs.

Der König

Nur wer mehr, als König schon ist, kann königlich
herrschen,
Also soll König seyn, welcher die Herrlichste liebt.

Das irrdische Paradies

Wo die Geliebten sind, da schmückt sich bräutlich
die Erde,
Aber den Frevler verzehrt schneller die himmlische
Luft.

Es ist an der Zeit

Glänzend steht nun die Brücke, der mächtige Schatten
erinnert
Nur an die Zeit noch, es ruht ewig der Tempel nun hier,
Götzen von Stein und Metall mit furchtbaren Zeichen
der Willkühr
Sind gestürzt und wir sehn dort nur ein liebendes
Paar –

An der Umarmung erkennt ein jeder die alten Dynasten,
Kennt den Steuermann, kennt wieder die glückliche
                                                Zeit.

Das Ende des Haders

Lange währte der Zwist, es konnte keiner ihn schlichten;
Mancher schöne Krystall brach in dem feindlichen
                                                Stoß.
Nur die Liebe besitzt den Talismann ewigen Friedens –
Da nur, wo sie erscheint, fließen die Massen in Eins.

Der sterbende Genius

Willkommen, Lieber, nun und nicht wieder ruft
Dich meine Stimme; nah ist der Abschied mir.
    Gefunden hab ich was ich suchte
    Und der Bezauberung Bände schmelzen.

Das schöne Wesen – siehst du die Königinn –
Hebt Bann und Zauber; lange vergebens flog
    Um jeden Thron ich, aber endlich
    Winkte durch Sie mir die alte Heymath.

Schon lodert mächtig jene geheime Glut –
Mein altes Wesen – tief in dem irrdischen
    Gebilde: Du sollst Opferpriester
    Seyn, und das Lied der Zurückkehr singen.

Nimm diese Zweige, decke mit ihnen mich,
Nach Osten singe dann das erhabne Lied,
    Bis auf die Sonne geht und zündet
    Und mir die Thore der Urwelt öffnet.

Der Duft des Schleyers, der mich vor dem umgab,
Sinkt dann vergoldet über die Ebenen,
    Und wer ihn athmet, schwört begeistert
    Ewige Liebe der schönen Fürstinn.

Land

Jenes himmlische Paar schwimmt hoch auf der Flut,
                            wie die Taube
Und der Ölzweig; es bringt Hoffnung des Landes,
                                      wie dort.

Distichen

1.

Freunde, der Boden ist arm, wir müßen reichlichen
                                        Samen
Ausstreun, daß uns doch nur mäßige Erndten gedeihn.

2.

Welten bauen genügt nicht dem tiefer dringenden
                                          Sinne:
Aber ein liebendes Herz sättigt den strebenden Geist.

3.

Laßt die Libellen ziehn; unschuldige *Fremdlinge* sind es,
  Folgen dem Doppelgestirn froh, mit Geschenken,
                                            hieher.

4.

Einem gelang es – er hob den Schleyer der Göttin zu
                                                 Saïs –
Aber was sah er? Er sah – Wunder des Wunders –
                                         Sich Selbst.

5.

Fürsten sind Nullen, sie gelten an sich nichts, aber
                                          mit Zahlen,
Die sie beliebig erhöhn, neben sich gelten sie viel.

6.

Hypothesen sind Netze, nur der wird fangen, der
                                          auswirft;
Ist nicht Amerika selbst durch Hypothese gefunden?
Hoch und vor allen lebe die Hypothese, nur sie bleibt
  Ewig neu, so oft sie schon sich selber auch besiegte.

7.

Ist es nicht klug für die Nacht ein geselliges Lager zu
                                              suchen?
Darum ist klüglich gesinnt – der auch
                            Entschlummerte liebt.

8.

Die seelige Hoffnung des Quintus

Quintus bin ich geblieben, geplackt und arm, wie die
                                          Landmaus,
  Freudig sterb ich – gewiß, Tertius drüben zu seyn.

Kenne dich selbst

Eins nur ist, was der Mensch zu allen Zeiten gesucht hat;
  Ueberall, bald auf den Höhn, bald in dem Tieffsten
                                        der Welt –
Unter verschiedenen Namen – umsonst – es versteckte
                                        sich immer,
  Immer empfand er es noch – dennoch erfaßt er es nie.
Längst schon fand sich ein Mann, der den Kindern
                                  in freundlichen Mythen
Weg und Schlüssel verrieth zu des Verborgenen
                                            Schloß.
Wenige deuteten sich die leichte Chiffre der Lösung,
  Aber die wenigen auch waren nun Meister des Ziels.
Lange Zeiten verflossen – der Irrthum schärfte den
                                          Sinn uns –
  Daß uns der Mythos selbst nicht mehr die Wahrheit
                                          verbarg.
Glücklich, wer weise geworden und nicht die Welt mehr
                                          durchgrübelt,
  Wer von sich selber den Stein ewiger Weisheit begehrt.
Nur der vernünftige Mensch ist der ächte Adept – er
                                          verwandelt

Alles in Leben und Gold — braucht Elixire nicht
mehr.
In ihm dampfet der heilige Kolben — der König ist in
ihm —
Delphos auch und er faßt endlich das: *Kenne dich
selbst.*

Freyberg, 11. Mai 1798
Friedr. Georg v. Hardenberg

Letzte Liebe

Also noch ein freundlicher Blick am Ende der Wallfahrt
Ehe die Pforte des Hains leise sich hinter mir
schließt.
Dankbar nehm' ich das Zeichen der treuen Begleiterin
Liebe
Fröhlichen Muthes an, öffne das Herz ihr mit Lust.
Sie hat mich durch das Leben allein rathgebend geleitet,
Ihr ist das ganze Verdienst, wenn ich dem Guten
gefolgt,
Wenn manch' zärtliches Herz dem Frühgeschiedenen
nachweint
Und dem erfahrenen Mann Hoffnungen welken mit
mir.
Noch als das Kind, im süßen Gefühl sich entfaltender
Kräfte,
Wahrlich als Sonntagskind trat in den siebenten Lenz,
Rührte mit leiser Hand den jungen Busen die Liebe,
Weibliche Anmuth schmückt jene Vergangenheit
reich.

Wie aus dem Schlummer die Mutter den Liebling
                          weckt mit dem Kusse,
Wie er zuerst sie sieht und sich verständigt an ihr:
Also die Liebe mit mir – durch sie erfuhr ich die Welt
                                               erst,
  Fand mich selber und ward, was man als Liebender
                                                       wird.
Was bisher nur ein Spiel der Jugend war, das verkehrte
  Nun sich in ernstes Geschäft, dennoch verließ sie
                                               mich nicht –
Zweifel und Unruh suchten mich oft von ihr zu
                                                   entfernen,
  Endlich erschien der Tag, der die Erziehung vollzog,
Welcher mein Schicksal mir zur Geliebten gab und auf
                                                    ewig
  Frei mich gemacht und gewiß eines unendlichen
                                                 Glücks.

An

die Fundgrube Auguste

Zu ihrem 49sten Geburtstage

Glück auf, Fundgrube, das Säculum
Ist nun zur Hälfte für dich bald um.
Viel edle Geschicke hast du bescheert
Und gute Wetter uns immer gewährt.
Zum Glück des Bergmanns streiche den Gang
Geschaart mit freundlichen Gängen noch lang.

Der müde Fremdling ist verschwunden

Der müde Fremdling ist verschwunden
Und hat dem Freunde Plaz gemacht,
Der aus so vielen trüben Stunden
Ein treues Herz davongebracht.
Auf immer nun mit euch verbunden,
Von keinem Kummer mehr bewacht,
Hat er sich wieder selbst gefunden,
Und manches, was er nicht gedacht.

Ein Jahr mit seinen bunten Wochen
Verstrich, wir wußten selbst nicht wie.
Und anders, als wir uns versprochen
Klang oft des Lebens Melodie.
Doch fester ward mit jedem Tage
Das liebe Band um unsern Strauß
Und immer lauter ward die Sage,
Ein blinder Knabe wär im Haus.

Es wußte eine von euch beiden
Gewiß, was an der Sage war.

Fragment

Wohin ziehst du mich,
Fülle meines Herzens,
Gott des Rausches,
Welche Wälder, welche Klüfte

Durchstreif ich mit fremdem Muth.
O, welche Höhlen
Hören in den Sternenkranz
Cäsars ewigen Glanz mich flechten
Und den Göttern ihn zugesellen.
Unerhörte, gewaltige,
Keinen sterblichen Lippen entfallene
Dinge will ich sagen
Wie die glühende Nachtwandlerinn,
Die bacchische Jungfrau
Am Hebrus staunt
Und im thrazischen Schnee
Und in Rhodope, im Lande der Wilden,
So dünkt mir seltsam und fremd
Der Flüsse Gewässer,
Der einsame Wald . . . .

Erstes, seliges Pfand

Erstes, seliges Pfand, des ewigen seligen Bundes,
   Den ich knüpfte, als noch jugendlich klopfte dies Herz,
Als es zuerst dem Gefühl unsterblicher Liebe sich
                                        aufschloß
Und den Einzigen sah, Einzig dem Einzigen ward.
Jahre voll Sorgen und Jahre voll Freuden entflogen
                                       seitdem mir,
   Aber noch klopft ihm mein Herz eben so glühend
                                       wie einst.
Nicht mehr blüht mir der Lenz des Lebens, er blüht mir
                                       in euch jetzt,

Die mir der Himmel für ihn schenkte dem
                                zärtlichsten Wunsch.
O! wie himmlisch belohnt für manche Stunde des
                                Kummers
Hast du, Tochter, mich nicht, wenn du enthülltest
                                dein Herz,
Und des Vaters Seele in jeder Bewegung
                                hindurchschien,
Jeder Zug ihm entsprach, jedes Gefühl ihn verrieth.
O! dann ward es so wohl der überseligen Mutter,
Ewigen, innigen Dank sah sie zum Himmel hinauf.
O! für jegliche Stunde des Leidens, die du mit mir
                                theiltest
Theilen mit mir noch wirst, wenn ich zärtlich und
                                bang
Sitz und sorge, was noch für ein Schicksal der Zukunft
Deine Brüder bedroht, wenn sie nicht sorgsam und
                                klug
Wählen den richtigen Weg und sich zur Torheit
                                verirren
Taub der Stimme des Raths, blind für die künftige
                                Zeit,
Lohne dir einst das Schicksal mit gleicher, ewiger Liebe
Und geselle dich zu einem dich liebenden Mann,
Der dich leite den Weg des Lebens, so treu, wie dein
                                Vater
Mich ihn geleitet, und du, bleibe mir ähnlich an Treu
Und an Sanftmuth und Liebe; dann, bin ich auch längst
                                schon hinüber,
Decket die kühlende Gruft leichter den
                                schlummernden Staub.

Zur Weinlese
5. October 1799

Wir haben Weinmond, lieben Leute,
Und weil nicht immer Weinmond ist;
So sag' ich's euch in Versen heute,
Damit es keiner nicht vergißt. —
Wenn Weinmond ist, so müßt ihr wissen,
Da giebt es Trauben, Most und Wein,
Und weil die armen Beeren müssen,
So sprützen sie in's Faß hinein.

Es giebt gar unterschiedne Beeren,
Von allen Farben trifft man sie,
Und manche hält man hoch in Ehren,
Und manche wirft man vor das Vieh.
Sie sind im Temprament verschieden
Und von gar mancherlei Statur;
Doch allen ist der Wein beschieden
Als Lieblingskindern der Natur.

Zu einem Stock will ich euch führen,
Das ist ein Stöckchen wie ein Taus,
Um seine Süßigkeit zu spüren
Sucht eine Taube euch heraus.
Ich lobe mir die braven Wenden,
Sie langen zu, und sind nicht faul,
Sie stecken gern mit beiden Händen
Die blauen Trauben in das Maul.

Nicht wahr, das schmeckt nicht herb' und sauer?
Was gut schmeckt, weiß der Wende wohl,
Er ißt und geht gern auf die Dauer,
Und nimmt die beiden Backen voll.
Drum kann er auch nicht Worte machen,
Er steht voll Eifer da und kaut.
Doch sieht man ihn so schämig lachen
Als kaut' er still an einer *Braut.*

Daß er den Trank anjetzt im Ganzen
Verkauft, dafür kann ich euch stehn.
Oft wird er um den Stock noch tanzen
Und sich mit seinem Träubchen drehn.
Wer weiß ob er nicht aus dem Kerne
Ein neues Mutterstöckchen zieht,
Was viele Jahre in der Ferne
Zum Ruhm des alten Stockes blüht.

Der *alte Stock* wird blühn und wachsen,
Wenn man den Überfluß ihm nimmt
Und überall im Lande Sachsen
Sein Wein auf guten Tischen schwimmt.
Er hat noch manche reife Traube
Von andrer Art und ihm zur Last;
Es bitten Geier oder Taube
Vielleicht sich bald bei ihm zu Gast.

Daß er noch lange blüht, das weiß ich,
Ob wohl er manches Jahr schon steht;
Denn dafür, lieben Leute, heiß ich
Ein Dichter oder ein Poet.

Ihr denkt wohl gar ich sei ein Träubchen,
Weil mich der Stock fest an sich schnürt?
Ich bin's zufrieden, wenn ein Weibchen,
Ob ich gut schmecke, sacht probiert.

Drum weil nicht Weinmond alle Tage,
Kein solcher Stock nicht überall,
So denkt nicht heut' an eure Plage,
Zieht eure Sorgen in den Stall.
Laßt unsern alten Weinstock leben!
Und seinen lieben Winzer da!
Und einen Kuß soll man ihm geben
Als Kandidat zur Grosmama.
     Friedrich von Hardenberg

Das Gedicht

Himmlisches Leben im blauen Gewande,
Stiller Wunsch im blassen Schein –
Flüchtig gräbt im bunten Sande
Sie den Zug des Namens ein –
Unter hohen, festen Bogen,
Nur vom Lampenlicht erhellt,
Liegt, seitdem der Geist entflogen,
Nun das Heiligste der Welt.
Leise kündet bess're Tage
Ein verlornes Blatt uns an,
Und wir sehn der alten Sage
Mächtge Augen aufgethan.
Naht euch stumm dem ernsten Thore

Harrt auf seinen Flügelschlag
Und vernehmt herab vom Chore
Wo weissagend der Marmor lag.
Flüchtges Leben und lichte Gestalten
Füllen die weite, leere Nacht,
Nur von Scherzen aufgehalten
Wurden unendliche Zeiten verbracht –
Liebe brachte gefüllte Becher,
Also perlt in Blumen der Geist,
Ewig trinken die kindlichen Zecher
Bis der geheiligte Teppich zerreißt.
Fort durch unabsehliche Reiche
Schwanden die bunten, rauschenden Wogen
Endlich von farbigen Käfern getragen
Kam die Blumenfürstin allein,
Schleier, wie Wolken, zogen
Von der blendenden Stirn zu den Füßen –
Wir fielen nieder, sie zu grüßen –
Wir weinten bald – sie war entflogen.

An Tieck

Ein Kind voll Wehmuth und voll Treue,
Verstoßen in ein fremdes Land,
Ließ gern das Glänzende und Neue,
Und blieb dem Alten zugewandt.

Nach langem Suchen, langem Warten,
Nach manchem mühevollen Gang,
Fand es in einem öden Garten
Auf einer längst verfallnen Bank

Ein altes Buch mit Gold verschlossen,
Und nie gehörte Worte drinn;
Und, wie des Frühlings zarte Sprossen,
So wuchs in ihm ein innrer Sinn.

Und wie es sitzt, und liest, und schauet
In den Krystall der neuen Welt,
An Gras und Sternen sich erbauet,
Und dankbar auf die Kniee fällt:

So hebt sich sacht aus Gras und Kräutern
Bedächtiglich ein alter Mann,
Im schlichten Rock, und kommt mit heiterm
Gesicht ans fromme Kind heran.

Bekannt doch heimlich sind die Züge,
So kindlich und so wunderbar;
Es spielt die Frühlingsluft der Wiege
Gar seltsam mit dem Silberhaar.

Das Kind faßt bebend seine Hände,
Es ist des Buches hoher Geist,
Der ihm der sauern Wallfahrt Ende
Und seines Vaters Wohnung weis't.

Du kniest auf meinem öden Grabe,
So öffnet sich der heilge Mund,
Du bist der Erbe meiner Habe,
Dir werde Gottes Tiefe kund.

Auf jenem Berg als armer Knabe
Hab' ich ein himmlisch Buch gesehn,
Und konnte nun durch diese Gabe
In alle Kreaturen sehn.

Es sind an mir durch Gottes Gnade
Der höchsten Wunder viel geschehn;
Des neuen Bunds geheime Lade
Sahn meine Augen offen stehn.

Ich habe treulich aufgeschrieben,
Was innre Lust mir offenbart,
Und bin verkannt und arm geblieben,
Bis ich zu Gott gerufen ward.

Die Zeit ist da, und nicht verborgen
Soll das Mysterium mehr seyn.
In diesem Buche bricht der Morgen
Gewaltig in die Zeit hinein.

Verkündiger der Morgenröthe,
Des Friedens Bote sollst du seyn.
Sanft wie die Luft in Harf' und Flöte
Hauch' ich dir meinen Athem ein.

Gott sey mit dir, geh hin und wasche
Die Augen dir mit Morgenthau.
Sey treu dem Buch und meiner Asche,
Und bade dich im ewgen Blau.

Du wirst das letzte Reich verkünden,
Was tausend Jahre soll bestehn;
Wirst überschwenglich Wesen finden,
Und Jakob Böhmen wiedersehn.
                                    Novalis

Es färbte sich die Wiese grün

Es färbte sich die Wiese grün
Und um die Hecken sah ichs blühn;
Tagtäglich sah ich neue Kräuter,
Mild war die Luft, der Himmel heiter:
Ich wußte nicht, wie mir geschah,
Und wie das wurde, was ich sah.

Und immer dunkler ward der Wald,
Auch bunter Sänger Aufenthalt,
Es drang mir bald auf allen Wegen
Ihr Klang in süßem Duft entgegen.
Ich wußte nicht, wie mir geschah,
Und wie das wurde, was ich sah.

Es quoll und trieb nun überall,
Mit Leben, Farben, Duft und Schall;
Sie schienen gern sich zu vereinen,
Daß alles möchte lieblich scheinen.
Ich wußte nicht, wie mir geschah,
Und wie das wurde, was ich sah.

So dacht' ich: ist ein Geist erwacht,
Der alles so lebendig macht,
Und der mit tausend schönen Waaren
Und Blüthen sich will offenbaren?
Ich wußte nicht, wie mir geschah,
Und wie das wurde, was ich sah.

Vielleicht beginnt ein neues Reich,
Der lockre Staub wird zum Gesträuch
Der Baum nimmt thierische Gebehrden,
Das Thier soll gar zum Menschen werden.
Ich wußte nicht, wie mir geschah,
Und wie das wurde, was ich sah.

Wie ich so stand und bei mir sann,
Ein mächt'ger Trieb in mir begann.
Ein freundlich Mädchen kam gegangen
Und nahm mir jeden Sinn gefangen.
Ich wußte nicht, wie mir geschah,
Und wie das wurde, was ich sah.

Uns barg der Wald vor Sonnenschein.
Das ist der Frühling! fiel mir ein:
Und kurz, ich sah, daß jetzt auf Erden
Die Menschen sollten Götter werden.
Nun wußt' ich wohl, wie mir geschah,
Und wie das wurde was ich sah.

Der Himmel war umzogen

Der Himmel war umzogen,
Es war so trüb' und schwül,
Heiß kam der Wind geflogen,
Und trieb sein seltsam Spiel,

Ich schlich in tiefem Sinnen,
Von stillem Gram verzehrt. –
Was soll ich nun beginnen?
Mein Wunsch blieb unerhört.

Wenn Menschen könnten leben
Wie kleine Vögelein,
So wollt' ich zu ihr schweben,
Und fröhlich mit ihr seyn.

Wär' hier nichts mehr zu finden,
Wär Feld und Staude leer,
So flögen gleich den Winden,
Wir über's dunkle Meer.

Wir blieben bey dem Lenze
Und von dem Winter weit,
Wir hätten Frücht' und Kränze,
Und immer gute Zeit.

Die Myrthe sproßt im Tritte
Der Wohlfahrt leicht hervor,
Doch um des Elends Hütte
Schießt Unkraut nur empor.

Mir war so bang zu Muthe
Da sprang ein Kind heran,
Schwang fröhlich seine Ruthe
Und sah mich freundlich an.

Warum mußt du dich grämen?
O! weine doch nicht so,
Kannst meine Gerte nehmen,
Dann wirst du wieder froh.

Ich nahm sie und es hüpfte
Mit Freuden wieder fort,
Und stille Rührung knüpfte
Sich an des Kindes Wort.

Wie ich so bei mir dachte:
Was soll die Ruthe dir?
Schwankt aus den Büschen sachte
Ein grüner Glanz zu mir.

Die Königin der Schlangen
Schlich durch die Dämmerung;
Sie schien gleich goldnen Spangen
In wunderbarem Prunk.

Ihr Krönchen sah ich funkeln
Mit bunten Strahlen weit,
Und alles war im Dunkeln
Mit grünem Gold bestreut.

Ich nahte mich ihr leise
Und traf sie mit den Zweig,
So, wunderbarer Weise
Ward ich unsäglich reich.

An Dorothee
Zum Dank für das reizende Bild meiner Julie

1.

Soll dieser Blick voll Huld und Güte
Ein schnell verglommner Funken seyn?
Webt keines diese Mädchenblüthe
In einen ew'gen Schleier ein?
Bleibt dies Gesicht der Treu und Milde
Zum Trost der Nachwelt nicht zurück?
Verklärt dies himmlische Gebilde
Nur Einen Ort und Augenblick?

2.

Die Wehmuth fließt in tiefen Tönen
Ins frohe Lied der Zärtlichkeit.
Niemals wird sich ein Herz gewöhnen
An die Mysterien der Zeit.
O! diese Knospe süßer Stunden,
Dies edle Bild im Heil'genschein,
Dies soll auf immer bald verschwunden,
Bald ausgelöscht auf ewig seyn?

3.

Der Dichter klagt, und die Geliebte
Naht der Zypresse, wo er liegt.
Kaum birgt die Thränen der Betrübte,
Wie sie sich innig an ihn schmiegt.
Er heftet unverwandte Blicke
Auf diese liebliche Gestalt,
Daß er in sein Gemüth sie drücke
Eh sie zur Nacht hinüber wallt.

4.

Wie, spricht die Holde, du in Thränen?
Sag, welche Sorge flog dich an?
Du bist so gut, ich darf nicht wähnen,
Daß meine Hand dir wehgethan.
Sei heiter, denn es kommt so eben
Ein Mädchen, wie die gute Zeit.
Sie wird ein seltsam Blatt dir geben,
Ein Blatt, das dich vielleicht erfreut.

5.

Wie, ruft der Dichter, halb erschrocken
Wie wohl mir jetzt zu Muthe ward.
Den Puls des Trübsinns fühl' ich stocken
Und eine schöne Gegenwart.
Die Muse tritt ihm schon entgegen
Als hätte sie ein Gott gesandt,

Und reicht, wie alte Freunde pflegen,
Das Blatt ihm und die Lilienhand.

6.

Du kannst nun deine Klagen sparen,
Dein inn'rer Wunsch ist dir gewährt.
Die Kunst vermag das zu bewahren,
Was einmal die Natur verklärt;
Nimm hier die festgehaltne Blüthe,
Sieh ewig die Geliebte jung:
Einst Erd' und Himmel, Frucht und Blüthe
In reizender Vereinigung.

7.

Wirst du gerührt vor diesen Zügen
Im späten Herbst noch stille stehn,
So wirst du leicht die Zeit besiegen
Und einst das ew'ge Urbild sehn.
Die Kunst in ihren Zauberspiegel
Hat treu den Schatten aufgefaßt,
Nur ist der Schimmer seiner Flügel
Und auch der Strahlenkranz verblaßt.

8.

Kann jetzt der Liebende wohl danken?
Er sieht die Braut, er sieht das Blatt.
Voll überschwänglicher Gedanken
Sieht er sich ewig hier nicht satt.

Sie schlüpft hinweg und hört von weiten
Noch freundlich seinen Nachgesang,
Doch bleibt ihr wohl zu allen Zeiten
Der Freundinn Glück der liebste Dank.
                    Novalis

An Julien

Daß ich mit namenloser Freude
Gefährte deines Lebens bin
Und mich mit tiefgerührtem Sinn
Am Wunder deiner Bildung weide –
Daß wir aufs innigste vermählt,
Und ich der Deine, du die Meine,
Daß ich vor allen nur die Eine
Und diese Eine mich gewählt,
Dies danken wir dem süßen Wesen
Das sich uns liebevoll erlesen.

O, laß uns treulich ihn verehren,
So bleiben wir uns einverleibt.
Wenn ewig seine Lieb' uns treibt,
So wird nichts unser Bündniß stören.
An seiner Seite können wir
Getrost des Lebens Lasten tragen,
Und selig zu einander sagen:
Sein Himmelreich beginnt schon hier,
Wir werden, wenn wir hier verschwinden,
In seinem Arm uns wiederfinden.

Ich will nicht klagen mehr

Ich will nicht klagen mehr, ich will mich froh erheben
Und wohl zufrieden seyn mit meinem Lebenslauf.
Ein einzger Augenblick, wo Gott sich mir gegeben,
Wiegt Jahrelange Leiden auf.

Nur Glauben, Herr, und Zuversicht,
So fürcht' ich mich für mich und die Geliebte nicht.

Laß uns unsern Herrn im Himmel loben,
Glauben kommt und Heiterkeit von oben.

Alle Menschen seh ich leben

Alle Menschen seh' ich leben,
Viele leicht vorüber schweben,
Wenig mühsam vorwärts streben,
Doch nur Einem ist gegeben
Leichtes Streben, schwebend Leben.

Wahrlich, der Genuß ziemt Thoren,
An der Zeit sind sie verloren,
Gleichen ganz den Ephemeren.
In dem Streit mit Sturm und Wogen
Wird der Weise fortgezogen,
Kämpft, um niemals aufzuhören,
Und so wird die Zeit betrogen,
Endlich unter's Joch gebogen,
Muß des Weisen Macht vermehren.

Ruh' ist Göttern nur gegeben,
Ihnen ziemt der Ueberfluß,
Doch für uns ist Handeln Leben,
Macht zu üben nur Genuß.

›An Karl von Hardenberg‹

In stiller Treue sieht man gern ihn walten,
Nicht wie die meisten, mag er sinnlos schweifen,
Er will die dargebotne Recht' ergreifen
Der bessern Zukunft, und sie fest zu halten.
Reichfarbig wird sich diese Knosp' entfalten,
Das Auge sich für ferne Welten schleifen,
Zum Meister wird der treue Lehrling reifen,
Und um sich her ein neues Reich gestalten.
Wie fröhlich kann dankbar ein Freund verkünden
Was seinem Geist sich längst vergnüglich zeigte
Wenn er des Jünglings Wandel still bedachte,
O! möchte jede Treue Treue finden
Und daß zu dem der Lilienstab sich neigte
Der Lust und Leben kranken Herzen brachte.

DIE LEHRLINGE ZU SAIS

1.

Der Lehrling

Mannichfache Wege gehen die Menschen. Wer sie verfolgt und vergleicht, wird wunderliche Figuren entstehen sehn; Figuren, die zu jener großen Chiffernschrift zu gehören scheinen, die man überall, auf Flügeln, Eierschalen, in Wolken, im Schnee, in Krystallen und in Steinbildungen, auf gefrierenden Wassern, im Innern und Äußern der Gebirge, der Pflanzen, der Thiere, der Menschen, in den Lichtern des Himmels, auf berührten und gestrichenen Scheiben von Pech und Glas, in den Feilspänen um den Magnet her, und sonderbaren Conjuncturen des Zufalls, erblickt. In ihnen ahndet man den Schlüssel dieser Wunderschrift, die Sprachlehre derselben, allein die Ahndung will sich selbst in keine feste Formen fügen, und scheint kein höherer Schlüssel werden zu wollen. Ein Alcahest scheint über die Sinne der Menschen ausgegossen zu seyn. Nur augenblicklich scheinen ihre Wünsche, ihre Gedanken sich zu verdichten. So entstehen ihre Ahndungen, aber nach kurzen Zeiten schwimmt alles wieder, wie vorher, vor ihren Blicken.

Von weitem hört' ich sagen: die Unverständlichkeit sey Folge nur des Unverstandes; dieser suche, was er habe, und also niemals weiter finden könnte. Man verstehe die Sprache nicht, weil sich die Sprache selber nicht verstehe, nicht verstehen wolle; die ächte Sanscrit spräche, um zu sprechen, weil Sprechen ihre Lust und ihr Wesen sey.

Nicht lange darauf sprach einer: Keiner Erklärung bedarf die heilige Schrift. Wer wahrhaft spricht, ist des ewigen Lebens voll, und wunderbar verwandt mit ächten Geheimnissen dünkt uns seine Schrift, denn sie ist ein Accord aus des Weltalls Symphonie.

Von unserm Lehrer sprach gewiß die Stimme, denn er versteht die Züge zu versammeln, die überall zerstreut sind. Ein eignes Licht entzündet sich in seinen Blicken, wenn vor uns nun die hohe Rune liegt, und er in unsern Augen späht, ob auch in uns aufgegangen ist das Gestirn, das die Figur sichtbar und verständlich macht. Sieht er uns traurig, daß die Nacht nicht weicht, so tröstet er uns, und verheißt dem ämsigen, treuen Seher künftiges Glück. Oft hat er uns erzählt, wie ihm als Kind der Trieb die Sinne zu üben, zu beschäftigen und zu erfüllen, keine Ruhe ließ. Den Sternen sah er zu und ahmte ihre Züge, ihre Stellungen im Sande nach. In's Luftmeer sah er ohne Rast, und ward nicht müde seine Klarheit, seine Bewegungen, seine Wolken, seine Lichter zu betrachten. Er sammelte sich Steine, Blumen, Käfer aller Art, und legte sie auf mannichfache Weise sich in Reihen. Auf Menschen und auf Thiere gab er Acht, am Strand des Meeres saß er, suchte Muscheln. Auf sein Gemüth und seine Gedanken lauschte er sorgsam. Er wußte nicht, wohin ihn seine Sehnsucht trieb. Wie er größer ward, strich er umher, besah sich andre Länder, andre Meere, neue Lüfte, fremde Sterne, unbekannte Pflanzen, Thiere, Menschen, stieg in Höhlen, sah wie in Bänken und in bunten Schichten der Erde Bau vollführt war, und drückte Thon in sonderbare Felsenbilder. Nun fand er überall Bekanntes wieder, nur wunderlich gemischt, gepaart, und also ordneten sich selbst in ihm oft seltsame Dinge. Er merkte bald auf die Verbindungen in allem, auf Begegnungen, Zusammentreffungen. Nun sah er bald nichts mehr allein. – In große bunte Bilder drängten sich die Wahrnehmungen seiner Sinne: er hörte, sah, tastete und dachte zugleich. Er freute sich, Fremdlinge zusammen zu bringen. Bald waren ihm die Sterne Menschen, bald die Menschen Sterne, die Steine Thiere, die Wolken Pflanzen, er spielte mit den Kräften und Erscheinungen, er wußte wo und wie er dies und jenes finden, und erscheinen lassen konnte, und griff so selbst in den Saiten nach Tönen und Gängen umher.

Was nun seitdem aus ihm geworden ist, thut er nicht kund. Er sagt uns, daß wir selbst, von ihm und eigner Lust geführt, entdecken würden, was mit ihm vorgegangen sey. Mehrere von uns sind von ihm gewichen. Sie kehrten zu ihren Eltern zurück und lernten ein Gewerbe treiben. Einige sind von ihm ausgesendet worden, wir wissen nicht wohin; er suchte sie aus. Von ihnen waren einige nur kurze Zeit erst da, die Andern länger. Eins war ein Kind noch, es war kaum da, so wollte er ihm den Unterricht übergeben. Es hatte große dunkle Augen mit himmelblauem Grunde, wie Lilien glänzte seine Haut, und seine Locken wie lichte Wölkchen, wenn der Abend kommt. Die Stimme drang uns allen durch das Herz, wir hätten gern ihm unsere Blumen, Steine, Federn alles gern geschenkt. Es lächelte unendlich ernst, und uns ward seltsam wohl mit ihm zu

Muthe. Einst wird es wiederkommen, sagte der Lehrer, und unter uns wohnen, dann hören die Lehrstunden auf. – Einen schickte er mit ihm fort, der hat uns oft gedauert. Immer traurig sah er aus, lange Jahre war er hier, ihm glückte nichts, er fand nicht leicht, wenn wir Krystalle suchten oder Blumen. In die Ferne sah er schlecht, bunte Reihen gut zu legen wußte er nicht. Er zerbrach alles so leicht. Doch hatte keiner einen solchen Trieb und solche Lust am Sehn und Hören. Seit einer Zeit, – vorher eh jenes Kind in unsern Kreis trat, – ward er auf einmal heiter und geschickt. Eines Tages war er traurig ausgegangen, er kam nicht wieder und die Nacht brach ein. Wir waren seinetwegen sehr in Sorgen; auf einmal, wie des Morgens Dämmerung kam, hörten wir in einem nahen Haine seine Stimme. Er sang ein hohes, frohes Lied; wir wunderten uns alle; der Lehrer sah mit einem Blick nach Morgen, wie ich ihn wohl nie wieder sehen werde. In unsre Mitte trat er bald, und brachte, mit unaussprechlicher Seligkeit im Antlitz, ein unscheinbares Steinchen von seltsamer Gestalt. Der Lehrer nahm es in die Hand, und küßte ihn lange, dann sah er uns mit nassen Augen an und legte dieses Steinchen auf einen leeren Platz, der mitten unter andern Steinen lag, gerade wo wie Strahlen viele Reihen sich berührten.

Ich werde dieser Augenblicke nie fortan vergessen. Uns war, als hätten wir im Vorübergehn eine helle Ahndung dieser wunderbaren Welt in unsern Seelen gehabt.

Auch ich bin ungeschickter als die Andern, und minder gern scheinen sich die Schätze der Natur von mir finden zu lassen. Doch ist der Lehrer mir gewogen, und läßt mich in Gedanken sitzen, wenn die Andern suchen gehn. So wie dem Lehrer ist mir nie gewesen. Mich führt alles in mich selbst zurück. Was einmal die zweite Stimme sagte, habe ich wohl verstanden. Mich freuen die wunderlichen Haufen und Figuren in den Sälen, allein mir ist, als wären sie nur Bilder, Hüllen, Zierden, versammelt um ein göttlich Wunderbild, und dieses liegt mir immer in Gedanken. Sie such' ich nicht, in ihnen such' ich oft. Es ist, als sollten sie den Weg mir zeigen, wo in tiefem Schlaf die Jungfrau steht, nach der mein Geist sich sehnt. Mir hat der Lehrer nie davon gesagt, auch ich kann ihm nichts anvertrauen, ein unverbrüchliches Geheimniß dünkt es mir. Gern hätt ich jenes Kind gefragt, in seinen Zügen fand ich Verwandtschaft; auch schien in seiner Nähe mir alles heller innerlich zu werden. Wäre es länger geblieben, sicherlich hätte ich mehr in mir erfahren. Auch wäre mir am Ende vielleicht der Busen offen, die Zunge frey geworden. Gern wär' ich auch mit ihm gegangen. Es kam nicht so. Wie lang' ich hier noch bleibe, weiß ich nicht. Mir scheint es, als blieb' ich immer hier. Kaum wag' ich es mir selber zu gestehen, allein zu innig dringt sich mir der Glauben auf: einst find' ich hier, was mich beständig rührt; sie ist zugegen. Wenn ich mit diesem Glauben hier umher gehe, so tritt mir alles in ein höher Bild, in eine neue Ordnung mir zusammen, und alle sind nach Einer Gegend hin gerichtet. Mir wird dann jedes so bekannt, so lieb; und was mir seltsam noch erschien und fremd, wird nun auf einmal wie ein Hausgeräth.

Gerade diese Fremdheit ist mir fremd, und darum

hat mich immer diese Sammlung zugleich entfernt und angezogen. Den Lehrer kann und mag ich nicht begreifen. Er ist mir just so unbegreiflich lieb. Ich weiß es, er versteht mich, er hat nie gegen mein Gefühl und meinen Wunsch gesprochen. Vielmehr will er, daß wir den eignen Weg verfolgen, weil jeder neue Weg durch neue Länder geht, und jeder endlich zu diesen Wohnungen, zu dieser heiligen Heimath wieder führt. Auch ich will also meine Figur beschreiben, und wenn kein Sterblicher, nach jener Inschrift dort, den Schleier hebt, so müssen wir Unsterbliche zu werden suchen; wer ihn nicht heben will, ist kein ächter Lehrling zu Sais.

2.

Die Natur

Es mag lange gedauert haben, ehe die Menschen darauf dachten, die mannichfachen Gegenstände ihrer Sinne mit einem gemeinschaftlichen Namen zu bezeichnen und sich entgegen zu setzen. Durch Uebung werden Entwickelungen befördert, und in allen Entwickelungen gehen Theilungen, Zergliederungen vor, die man bequem mit den Brechungen des Lichtstrahls vergleichen kann. So hat sich auch nur allmählich unser Innres in so mannichfaltige Kräfte zerspaltet, und mit fortdauernder Uebung wird auch diese Zerspaltung zunehmen. Vielleicht ist es nur krankhafte Anlage der späteren Menschen, wenn sie das Vermögen verlieren, diese zerstreuten Farben ihres Geistes wieder zu mischen und nach Belieben den alten einfachen Naturstand herzustellen, oder neue, mannichfaltige Verbindungen unter ihnen zu bewirken. Je vereinigter sie sind, desto vereinigter, desto vollständiger und persönlicher fließt jeder Naturkörper, jede Erscheinung in sie ein: denn der Natur des Sinnes entspricht die Natur des Eindrucks, und daher mußte jenen früheren Menschen alles menschlich, bekannt und gesellig vorkommen, die frischeste Eigenthümlichkeit mußte in ihren Ansichten sichtbar werden, jede ihrer Äußerungen war ein wahrer Naturzug, und ihre Vorstellungen mußten mit der sie umgebenden Welt übereinstimmen, und einen treuen Ausdruck derselben darstellen. Wir können daher die Gedanken unsrer Altväter von den Dingen in der Welt als ein nothwendiges Erzeugniß, als eine Selbstabbildung des damaligen Zustandes der irdischen Natur betrachten, und besonders an ihnen, als den schicklichsten Werkzeugen der Beobachtung des Weltalls, das Hauptverhältniß desselben, das damalige Verhältniß zu seinen *Bewohnern*, und seiner Bewohner zu ihm, bestimmt abnehmen. Wir finden, daß gerade die erhabensten Fragen zuerst ihre Aufmerksamkeit beschäftigten, und daß sie den Schlüssel dieses wundervollen Gebäudes bald in einer Hauptmasse der wirklichen Dinge, bald in dem erdichteten Gegenstande eines unbekannten Sinns aufsuchten. Bemerklich ist hier die gemeinschaftliche Ahndung desselben im Flüssigen, im Dünnen, Gestaltlosen. Es mochte wohl die Trägheit und Unbehülflichkeit der festen Körper den Glauben an ihre Abhängigkeit und Niedrigkeit nicht ohne Bedeutung veranlassen. Früh genug stieß jedoch ein grübelnder Kopf auf die

Schwierigkeit der Gestalten-Erklärung aus jenen gestaltlosen Kräften und Meeren. Er versuchte den Knoten durch eine Art von Vereinigung zu lösen, indem er die ersten Anfänge zu festen, gestalteten Körperchen machte, die er jedoch über allen Begriff klein annahm, und nun aus diesem Staubmeere, aber freilich nicht ohne Beihülfe mitwirkender Gedankenwesen, anziehender und abstoßender Kräfte, den ungeheuren Bau vollführen zu können meynte. Noch früher findet man statt wissenschaftlicher Erklärungen, Mährchen und Gedichte voll merkwürdiger bildlicher Züge, Menschen, Götter und Thiere als gemeinschaftliche Werkmeister, und hört auf die natürlichste Art die Entstehung der Welt beschreiben. Man erfährt wenigstens die Gewißheit eines zufälligen, *werkzeuglichen* Ursprungs derselben, und auch für den Veracher der regellosen Erzeugnisse der Einbildungskraft ist diese Vorstellung bedeutend genug. Die Geschichte der Welt als Menschengeschichte zu behandeln, überall nur menschliche Begebenheiten und Verhältnisse zu finden, ist eine fortwandernde, in den verschiedensten Zeiten wieder mit neuer Bildung hervortretende Idee geworden, und scheint an wunderbarer Wirkung, und leichter Ueberzeugung beständig den Vorrang gehabt zu haben. Auch scheint die Zufälligkeit der Natur sich wie von selbst an die Idee menschlicher Persönlichkeit anzuschließen, und letztere am willigsten, als menschliches Wesen verständlich zu werden. Daher ist auch wohl die Dichtkunst das liebste Werkzeug der eigentlichen Naturfreunde gewesen, und am hellsten ist in Gedichten der Naturgeist erschienen. Wenn man ächte Gedichte liest und hört, so fühlt man einen innern Verstand der Natur sich bewegen, und schwebt, wie der himmlische Leib derselben, in ihr und über ihr zugleich. Naturforscher und Dichter haben durch Eine Sprache sich immer wie Ein Volk gezeigt. Was jene im Ganzen sammelten und in großen, geordneten Massen aufstellten, haben diese für menschliche Herzen zur täglichen Nahrung und Nothdurft verarbeitet, und jene unermeßliche Natur zu mannichfaltigen, kleinen, gefälligen Naturen zersplittert und gebildet. Wenn diese mehr das Flüssige und Flüchtige mit leichtem Sinn verfolgten, suchten jene mit scharfen Messerschnitten den innern Bau und die Verhältnisse der Glieder zu erforschen. Unter ihren Händen starb die freundliche Natur, und ließ nur todte, zuckende Reste zurück, dagegen sie vom Dichter, wie durch geistvollen Wein, noch mehr beseelt, die göttlichsten und muntersten Einfälle hören ließ, und über ihr Alltagsleben erhoben, zum Himmel stieg, tanzte und weißagte, jeden Gast willkommen hieß, und ihre Schätze frohen Muths verschwendete. So genoß sie himmlische Stunden mit dem Dichter, und lud den Naturforscher nur dann ein, wenn sie krank und gewissenhaft war. Dann gab sie ihm Bescheid auf jede Frage, und ehrte gern den ernsten, strengen Mann. Wer also ihr Gemüth recht kennen will, muß sie in der Gesellschaft der Dichter suchen, dort ist sie offen und ergießt ihr wundersames Herz. Wer sie aber nicht aus Herzensgrunde liebt, und dies und jenes nur an ihr bewundert, und zu erfahren strebt, muß ihre Krankenstube, ihr Beinhaus fleißig besuchen.

Man steht mit der Natur gerade in so unbegreiflich

verschiedenen Verhältnissen, wie mit den Menschen; und wie sie sich dem Kinde kindisch zeigt, und sich gefällig seinem kindlichen Herzen anschmiegt, so zeigt sie sich dem Gotte göttlich, und stimmt zu dessen hohem Geiste. Man kann nicht sagen, daß es eine Natur gebe, ohne etwas überschwengliches zu sagen, und alles Bestreben nach Wahrheit in den Reden und Gesprächen von der Natur entfernt nur immer mehr von der Natürlichkeit. Es ist schon viel gewonnen, wenn das Streben, die Natur vollständig zu begreifen, zur Sehnsucht sich veredelt, zur zarten, bescheidnen Sehnsucht, die sich das fremde, kalte Wesen gern gefallen läßt, wenn sie nur einst auf vertrauteren Umgang rechnen kann. Es ist ein geheimnißvoller Zug nach allen Seiten in unserm Innern, aus einem unendlich tiefen Mittelpunkt sich rings verbreitend. Nun liegt die wundersame sinnliche und unsinnliche Natur rund um uns her, so glauben wir es sey jener Zug ein Anziehn der Natur, eine Äußerung unsrer Sympathie mit ihr: nur sucht der eine hinter diesen blauen, fernen Gestalten noch eine Heimath, die sie ihm verhalten, eine Geliebte seiner Jugend, Eltern und Geschwister, alte Freunde, liebe Vergangenheiten; der Andre meynt, da jenseits warteten unbekannte Herrlichkeiten seiner, eine lebensvolle Zukunft glaubt er dahinter versteckt, und streckt verlangend seine Hände einer neuen Welt entgegen. Wenige bleiben bei dieser herrlichen Umgebung ruhig stehen, und suchen sie nur selbst in ihrer Fülle und ihrer Verkettung zu erfassen, vergessen über der Vereinzelung den blitzenden Faden nicht, der reihenweise die Glieder knüpft und den heiligen Kronleuchter bildet, und finden sich beseligt in der Beschauung dieses lebendigen, über nächtlichen Tiefen schwebenden Schmucks. So entstehn mannichfache Naturbetrachtungen, und wenn an einem Ende die Naturempfindung ein lustiger Einfall, eine Mahlzeit wird, so sieht man sie dort zur andächtigsten Religion verwandelt, einem ganzen Leben Richtung, Haltung und Bedeutung geben. Schon unter den kindlichen Völkern gabs solche ernste Gemüther, denen die Natur das Antlitz einer Gottheit war, indessen andre fröhliche Herzen sich nur auf sie zu Tische baten; die Luft war ihnen ein erquickender Trank, die Gestirne Lichter zum nächtlichen Tanz, und Pflanzen und Thiere nur köstliche Speisen, und so kam ihnen die Natur nicht wie ein stiller, wundervoller Tempel, sondern wie eine lustige Küche und Speisekammer vor. Dazwischen waren andre sinnigere Seelen, die in der gegenwärtigen Natur nur große, aber verwilderte Anlagen bemerkten, und Tag und Nacht beschäftiget waren, Vorbilder einer edleren Natur zu schaffen. – Sie theilten sich gesellig in das große Werk, die einen suchten die verstummten und verlohrnen Töne in Luft und Wäldern zu erwecken, andre legten ihre Ahndungen und Bilder schönerer Geschlechter in Erz und Steine nieder, bauten schönere Felsen zu Wohnungen wieder, brachten die verborgenen Schätze aus den Grüften der Erde wieder ans Licht; zähmten die ausgelassenen Ströme, bevölkerten das unwirthliche Meer, führten in öde Zonen alte, herrliche Pflanzen und Thiere zurück, hemmten die Waldüberschwemmungen, und pflegten die edleren Blumen und Kräuter, öffneten die Erde den belebenden Berührungen der zeugenden Luft und des zündenden Lichts, lehrten die Farben zu reitzenden Bildungen sich mischen und ordnen, und Wald und Wiese, Quellen und Felsen wieder zu lieblichen Gärten zusammen zu treten, hauchten in die lebendigen Glieder Töne, um sie zu entfalten, und in heitern Schwingungen zu bewegen, nahmen sich der armen, verlaßnen, für Menschensitte empfänglichen Thiere an, und säuberten die Wälder von den schädlichen Ungeheuern, diesen Mißgeburten einer entarteten Fantasie. Bald lernte die Natur wieder freundlichere Sitten, sie ward sanfter und erquicklicher, und ließ sich willig zur Beförderung der menschlichen Wünsche finden. Allmählich fing ihr Herz wieder an menschlich sich zu regen, ihre Fantasieen wurden heitrer, sie ward wieder umgänglich, und antwortete dem freundlichen Frager gern, und so scheint allmählich die alte goldne Zeit zurückzukommen, in der sie den Menschen Freundin, Trösterin, Priesterin und Wunderthäterin war, als sie unter ihnen wohnte und ein himmlischer Umgang die Menschen zu Unsterblichen machte. Dann werden die Gestirne die Erde wieder besuchen, der sie gram geworden waren in jenen Zeiten der Verfinsterung; dann legt die Sonne ihren strengen Zepter nieder, und wird wieder Stern unter Sternen, und alle Geschlechter der Welt kommen dann nach langer Trennung wieder zusammen. Dann finden sich die alten verwaisten Familien, und jeder Tag sieht neue Begrüßungen, neue Umarmungen; dann kommen die ehemaligen Bewohner der Erde zu ihr zurück, in jedem Hügel regt sich neu erglimmende Asche, überall lodern Flammen des Lebens empor, alte Wohnstätten werden neu erbaut, alte Zeiten erneuert, und die Geschichte wird zum Traum einer unendlichen, unabsehlichen Gegenwart.

Wer dieses Stamms und dieses Glaubens ist, und gern auch das seinige zu dieser Entwilderung der Natur beytragen will, geht in den Werkstätten der Künstler umher, belauscht überall die unvermuthet in allen Ständen hervorbrechende Dichtkunst, wird nimmer müde die Natur zu betrachten und mit ihr umzugehen, geht überall ihren Fingerzeigen nach, verschmäht keinen mühseligen Gang, wenn sie ihm winkt, und sollte er auch durch Modergrüfte gehen: er findet sicher unsägliche Schätze, das Grubenlichtchen steht am Ende still, und wer weiß, in welche himmlische Geheimnisse ihn dann eine reitzende Bewohnerinn des unterirdischen Reichs einweiht. Keiner irrt gewiß weiter ab vom Ziele, als wer sich selbst einbildet, er kenne schon das seltsame Reich, und wisse mit wenig Worten seine Verfassung zu ergründen und überall den rechten Weg zu finden. Von selbst geht keinem, der los sich riß und sich zur Insel machte, das Verständniß auf, auch ohne Mühe nicht. Nur Kindern, oder kindlichen Menschen, die nicht wissen, was sie thun, kann dies begegnen. Langer, unablässiger Umgang, freie und künstliche Betrachtung, Aufmerksamkeit auf leise Winke und Züge, ein inneres Dichterleben, geübte Sinne, ein einfaches und gottesfürchtiges Gemüth, das sind die wesentlichen Erfordernisse eines ächten Naturfreundes, ohne welche keinem sein Wunsch gedeihen wird. Nicht weise scheint es, eine Menschenwelt ohne volle aufgeblühte Menschheit begreifen und verstehn zu wollen. Kein Sinn muß schlummern, und wenn auch nicht alle gleich wach sind, so müssen sie doch alle angeregt und nicht unterdrückt und erschlafft seyn. So wie man einen künftigen Mahler in dem Knaben sieht, der alle Wände und jeden ebenen Sand mit Zeichnungen füllt, und Farben zu Figuren bunt verknüpft, so sieht man einen künftigen Weltweisen in jenem, der allen natürlichen Dingen ohne Rast nachspürt, nachfrägt, auf alles achtet, jedes merkwürdige zusammenträgt und froh ist, wenn er einer neuen Erscheinung, einer neuen Kraft und Kenntniß Meister und Besitzer geworden ist.

Nun dünkt es Einigen, es sey der Mühe gar nicht werth, den endlosen Zerspaltungen der Natur nachzugehn, und überdem ein gefährliches Unternehmen, ohne Frucht und Ausgang. So wie man nie das kleinste Korn der festen Körper, nie die einfachste Faser finden werde, weil alle Größe vor und rückwärts sich ins Unendliche verliert, so sey es auch mit den Arten der Körper und Kräfte; auch hier gerathe man auf neue Arten, neue Zusammensetzungen, neue Erscheinungen bis ins Unendliche. Sie schienen dann nur still zu stehn, wenn unser Fleiß ermatte, und so verschwende man die edle Zeit mit müßigen Betrachtungen und langweiligem Zählen, und werde dies zuletzt ein wahrer Wahnsinn, ein fester Schwindel an der entsetzlichen Tiefe. Auch bleibe die Natur, so weit man käme, immer eine furchtbare Mühle des Todes: überall ungeheurer Umschwung, unauflösliche Wirbelkette, ein Reich der Gefräßigkeit, des tollsten Übermuths, eine unglücksschwangere Unermeßlichkeit; die wenigen lichten Punkte beleuchten nur eine desto grausendere Nacht, und Schrecken aller Art müßten jeden Beobachter zur

Gefühllosigkeit ängstigen. Wie ein Heiland stehe dem armen Menschengeschlechte der Tod zur Seite, denn ohne Tod wäre der Wahnsinnigste am glücklichsten. Gerade jenes Streben nach Ergründung dieses riesenmäßigen Triebwerks sey schon ein Zug in die Tiefe, ein beginnender Schwindel: denn jeder Reitz scheine ein wachsender Wirbel, der bald sich des Unglücklichen ganz bemächtige, und ihn dann durch eine schreckenvolle Nacht mit sich fortreiße. Hier sey die listige Fallgrube des menschlichen Verstandes, den die Natur überall als ihren größten Feind zu vernichten suche. Heil der kindlichen Unwissenheit und Schuldlosigkeit der Menschen, welche sie die entsetzlichen Gefahren nicht gewahr werden ließe, die überall wie furchtbare Wetterwolken um ihre friedlichen Wohnsitze herlägen, und jeden Augenblick über sie hereinzubrechen bereit wären. Nur innre Uneinigkeit der Naturkräfte habe die Menschen bis jetzo erhalten, indeß könne jener große Zeitpunkt nicht ausbleiben, wo sich die sämmtlichen Menschen durch einen großen gemeinschaftlichen Entschluß aus dieser peinlichen Lage, aus diesem furchtbaren Gefängnisse reißen und durch eine freiwillige Entsagung ihrer hiesigen Besitzthümer auf ewig ihr Geschlecht aus diesem Jammer erlösen, und in eine glücklichere Welt, zu ihrem alter Vater retten würden. So endeten sie doch ihrer würdig, und kämen ihrer nothwendigen, gewaltsamen Vertilgung, oder einer noch entsetzlicheren Ausartung in Thiere, durch stufenweise Zerstörung der Denkorgange, durch Wahnsinn, zuvor. Umgang mit Naturkräften, mit Thieren, Pflanzen, Felsen, Stürmen und Wogen müsse nothwendig die Menschen diesen Gegenständen verähnlichen, und diese Verähnlichung, Verwandlung und Auflösung des Göttlichen und Menschlichen in unbändige Kräfte sey der Geist der Natur, dieser fürchterlich verschlingenden Macht: und sey nicht alles, was man sehe, schon ein Raub des Himmels, eine große Ruine ehemaliger Herrlichkeiten, Ueberbleibsel eines schrecklichen Mahls?

Wohl, sagen Muthigere, laßt unser Geschlecht einen langsamen, wohldurchdachten Zerstörungskrieg mit dieser Natur führen. Mit schleichenden Giften müssen wir ihr beizukommen suchen. Der Naturforscher sey ein edler Held, der sich in den geöffneten Abgrund stürze, um seine Mitbürger zu erretten. Die Künstler haben ihr schon manchen geheimen Streich beygebracht, fahrt nur so fort, bemächtigt euch der heimlichen Fäden, und macht sie lüstern nach sich selbst. Benutzt jene Zwiste, um sie, wie jenen feuerspeienden Stier, nach eurer Willkühr lenken zu können. Euch unterthänig muß sie werden. Geduld und Glauben ziemt den Menschenkindern. Entfernte Brüder sind zu Einem Zweck mit uns vereint, das Sternenrad wird das Spinnrad unsers Lebens werden, und dann können wir durch unsere Sklaven ein neues Dschinnistan uns bauen. Mit innerm Triumph laßt uns ihren Verwüstungen, ihren Tumulten zu sehn, sie soll an uns sich selbst verkaufen, und jede Gewaltthat soll ihr zur schweren Buße werden. In den begeisternden Gefühlen unsrer Freyheit laßt uns leben und sterben, hier quillt der Strom, der sie einst überschwemmen und zähmen wird, und in ihm laßt uns baden und mit neuem Muth zu Heldenthaten uns erfrischen. Bis hieher reicht die Wuth des Ungeheuers nicht, ein Tropfen Freiheit ist genug, sie auf immer zu lähmen und ihren Verheerungen Maaß und Ziel zu setzen.

Sie haben recht, sprechen Mehrere; hier oder nirgends liegt der Talisman. Am Quell der Freiheit sitzen wir und spähn; er ist der große Zauberspiegel, in dem rein und klar die ganze Schöpfung sich enthüllt, in ihm baden die zarten Geister und Abbilder aller Naturen, und alle Kammern sehn wir hier aufgeschlossen. Was brauchen wir die trübe Welt der sichtbaren Dinge mühsam zu durchwandern? Die reinere Welt liegt ja in uns, in diesem Quell. Hier offenbart sich der wahre Sinn des großen, bunten, verwirrten Schauspiels; und treten wir von diesen Blicken voll in die Natur, so ist uns alles wohlbekannt, und sicher kennen wir jede Gestalt. Wir brauchen nicht erst lange nachzuforschen, eine leichte Vergleichung, nur wenige Züge im Sande sind genug um uns zu verständigen. So ist uns alles eine große Schrift, wozu wir den Schlüssel haben, und nichts kommt uns unerwartet, weil wir voraus den Gang des großen Uhrwerks wissen. Nur wir genießen die Natur mit vollen Sinnen, weil sie uns nicht von Sinnen bringt, weil keine Fieberträume uns ängstigen und helle Besonnenheit uns zuversichtlich und ruhig macht.

Die Andern reden irre, sagt ein ernster Mann zu diesen. Erkennen sie in der Natur nicht den treuen Abdruck ihrer selbst? Sie selbst verzehren sich in wilder Gedankenlosigkeit. Sie wissen nicht, daß ihre Natur ein Gedankenspiel, eine wüste Fantasie ihres Traumes ist. Ja wohl ist sie ihnen ein entsetzliches Thier, eine seltsame abentheuerliche Larve ihrer Begierden. Der wachende Mensch sieht ohne Schaudern diese Brut seiner regellosen Einbildungskraft, denn er weiß, daß es nichtige Gespenster seiner Schwäche sind. Er fühlt sich Herr der Welt, sein Ich schwebt mächtig über diesem Abgrund, und wird in Ewigkeiten über diesem endlosen Wechsel erhaben schweben. Einklang strebt sein Inneres zu verkünden, zu verbreiten. Er wird in die Unendlichkeit hinaus stets einiger mit sich selbst und seiner Schöpfung um sich her seyn, und mit jedem Schritte die ewige Allwirksamkeit einer hohen sittlichen Weltordnung, der Veste seines Ichs, immer heller hervortreten sehn. Der Sinn der Welt ist die Vernunft: um derentwillen ist sie da, und wenn sie erst der Kampfplatz einer kindlichen, aufblühenden Vernunft ist, so wird sie einst zum göttlichen Bilde ihrer Thätigkeit, zum Schauplatz einer wahren Kirche werden. Bis dahin ehre sie der Mensch, als Sinnbild seines Gemüths, das sich mit ihm in unbestimmbare Stufen veredelt. Wer also zur Kenntniß der Natur gelangen will, übe seinen sittlichen Sinn, handle und bilde dem edlen Kerne seines Innern gemäß, und wie von selbst wird die Natur sich vor ihm öffnen. Sittliches Handeln ist jener große und einzige Versuch, in welchem alle Räthsel der mannichfaltigsten Erscheinungen sich lösen. Wer ihn versteht, und in strengen Gedankenfolgen ihn zu zerlegen weiß, ist ewiger Meister der Natur.

Der Lehrling hört mit Bangigkeit die sich kreuzenden Stimmen. Es scheint ihm jede Recht zu haben, und eine sonderbare Verwirrung bemächtigt sich seines Gemüths. Allmählig legt sich der innre Aufruhr, und über die dunkeln sich an einander brechenden Wogen scheint ein Geist des Friedens heraufzuschweben, dessen Ankunft sich durch neuen Muth und überschauende Heiterkeit in der Seele des Jünglings ankündigt.

Ein muntrer Gespiele, dem Rosen und Winden die Schläfe zierten, kam herbeigesprungen, und sah ihn in sich gesenkt sitzen. Du Grübler, rief er, bist auf ganz verkehrtem Wege. So wirst du keine großen Fortschritte machen. Das Beste ist überall die Stimmung. Ist das wohl eine Stimmung der Natur? Du bist noch jung und fühlst du nicht das Gebot der Jugend in allen Adern? nicht Liebe und Sehnsucht deine Brust erfüllen? Wie kannst du nur in der Einsamkeit sitzen? Sitzt die Natur einsam? Den Einsamen flieht Freude und Verlangen: und ohne Verlangen, was nützt dir die Natur? Nur unter Menschen wird er einheimisch, der Geist, der sich mit tausend bunten Farben in alle deine Sinne drängt, der wie eine unsichtbare Geliebte dich umgiebt. Bey unsern Festen löst sich seine Zunge, er sitzt oben an und stimmt Lieder des fröhlichsten Lebens an. Du hast noch nicht geliebt, du Armer; beim ersten Kuß wird eine neue Welt dir aufgethan, mit ihm fährt Leben in tausend Strahlen in dein entzücktes Herz. Ein Mährchen will ich dir erzählen, horche wohl.

Vor langen Zeiten lebte weit gegen Abend ein blutjunger Mensch. Er war sehr gut, aber auch über die Maaßen wunderlich. Er grämte sich unaufhörlich um nichts und wieder nichts, ging immer still für sich hin, setzte sich einsam, wenn die Andern spielten und fröhlich waren, und hing seltsamen Dingen nach. Höhlen und Wälder waren sein liebster Aufenthalt, und dann sprach er immer fort mit Thieren und Vögeln, mit Bäumen und

Felsen, natürlich kein vernünftiges Wort, lauter närrisches Zeug zum Todtlachen. Er blieb aber immer mürrisch und ernsthaft, ungeachtet sich das Eichhörnchen, die Meerkatze, der Papagay und der Gimpel alle Mühe gaben ihn zu zerstreuen, und ihn auf den richtigen Weg zu weisen. Die Gans erzählte Mährchen, der Bach klimperte eine Ballade dazwischen, ein grosser dicker Stein machte lächerliche Bockssprünge, die Rose schlich sich freundlich hinter ihm herum, kroch durch seine Locken, und der Epheu streichelte ihm die sorgenvolle Stirn. Allein der Mißmuth und Ernst waren hartnäckig. Seine Eltern waren sehr betrübt, sie wußten nicht was sie anfangen sollten. Er war gesund und aß, nie hatten sie ihn beleidigt, er war auch bis vor wenig Jahren fröhlich und lustig gewesen, wie keiner; bei allen Spielen voran, von allen Mädchen gern gesehn. Er war recht bildschön, sah aus wie gemahlt, tanzte wie ein Schatz. Unter den Mädchen war Eine, ein köstliches, bildschönes Kind, sah aus wie Wachs, Haare wie goldne Seide, kirschrothe Lippen, wie ein Püppchen gewachsen, brandrabenschwarze Augen. Wer sie sah, hätte mögen vergehn, so lieblich war sie. Damals war Rosenblüthe, so hieß sie, dem bildschönen Hyacinth, so hieß er, von Herzen gut, und er hatte sie lieb zum Sterben. Die andern Kinder wußtens nicht. Ein Veilchen hatte es ihnen zuerst gesagt, die Hauskätzchen hatten es wohl gemerkt, die Häuser ihrer Eltern lagen nahe beisammen. Wenn nun Hyacinth die Nacht an seinem Fenster stand und Rosenblüthe an ihrem, und die Kätzchen auf den Mäusefang da vorbeyliefen, da sahen sie die Beiden stehn, und lachten und kickerten oft so laut, daß sie es hörten und böse wurden. Das Veilchen hatte es der Erdbeere im Vertrauen gesagt, die sagte es ihrer Freundinn der Stachelbeere, die ließ nun das Sticheln nicht, wenn Hyacinth gegangen kam; so erfuhrs denn bald der ganze Garten und der Wald, und wenn Hyacinth ausging, so riefs von allen Seiten: Rosenblüthchen ist mein Schätzchen! Nun ärgerte sich Hyacinth, und mußte doch auch wieder aus Herzensgrunde lachen, wenn das Eidexchen geschlüpft kam, sich auf einen warmen Stein setzte, mit dem Schwänzchen wedelte und sang:

> Rosenblüthchen, das gute Kind,
> Ist geworden auf einmal blind,
> Denkt die Mutter sey Hyacinth,
> Fällt ihm um den Hals geschwind;
> Merkt sie aber das fremde Gesicht,
> Denkt nur an, da erschrickt sie nicht,
> Fährt, als merkte sie kein Wort,
> Immer nur mit Küssen fort.

Ach! wie bald war die Herrlichkeit vorbey. Es kam ein Mann aus fremden Landen gegangen, der war erstaunlich weit gereist, hatte einen langen Bart, tiefe Augen, entsetzliche Augenbrauen, ein wunderliches Kleid mit vielen Falten und seltsame Figuren hineingewebt. Er setzte sich vor das Haus, das Hyacinths Eltern gehörte. Nun war Hyacinth sehr neugierig, und setzte sich zu ihm und hohlte im Brod und Wein. Da that er seinen weißen Bart von einander und erzählte bis tief in die Nacht, und Hyacinth wich und wankte nicht, und wurde auch nicht müde zuzuhören. So viel man nachher vernahm, so hat er viel von fremden Ländern, unbekannten Gegenden, von erstaunlich wunderbaren Sachen erzählt, und ist drey Tage dageblieben, und mit Hyacinth in tiefe Schachten hinuntergekrochen. Rosenblüthchen hat genug den alten Hexenmeister verwünscht, denn Hyacinth ist ganz versessen auf seine Gespräche gewesen, und hat sich um nichts bekümmert; kaum daß er ein wenig Speise zu sich genommen. Endlich hat jener sich fortgemacht, doch dem Hyacinth ein Büchelchen dagelassen, das kein Mensch lesen konnte. Dieser hat ihm noch Früchte, Brod und Wein mitgegeben, und ihn weit weg begleitet. Und dann ist er tiefsinnig zurückgekommen, und hat einen ganz neuen Lebenswandel begonnen. Rosenblüthchen hat recht zum Erbarmen um ihn gethan, denn von der Zeit an hat er sich wenig aus ihr gemacht und ist immer für sich geblieben. Nun begab sichs, daß er einmal nach Hause kam und war wie neugeboren. Er fiel seinen Eltern um den Hals, und weinte. Ich muß fort in fremde Lande; sagte er, die alte wunderliche Frau im Walde hat mir erzählt, wie ich gesund werden müßte, das Buch hat sie ins Feuer geworfen, und hat mich getrieben, zu euch zu gehn und euch um euren Segen zu bitten. Vielleicht komme ich bald, vielleicht nie wieder. Grüßt Rosenblüthchen. Ich hätte sie gern gesprochen, ich weiß nicht, wie mir ist, es drängt mich fort; wenn ich an die alten Zeiten zurück denken will, so kommen gleich mächtigere Gedanken dazwischen, die Ruhe ist fort, Herz und Liebe mit, ich muß sie suchen gehn. Ich wollt' euch gern sagen, wohin, ich weiß selbst nicht, dahin wo die Mutter der Dinge wohnt, die verschleyerte Jungfrau.

Nach der ist mein Gemüth entzündet. Lebt wohl. Er riß sich los und ging fort. Seine Eltern wehklagten und vergossen Thränen, Rosenblüthchen blieb in ihrer Kammer und weinte bitterlich. Hyacinth lief nun was er konnte, durch Thäler und Wildnisse, über Berge und Ströme, dem geheimnißvollen Lande zu. Er fragte überall nach der heiligen Göttin (Isis). Menschen und Thiere, Felsen und Bäume. Manche lachten manche schwiegen, nirgends erhielt er Bescheid. Im Anfange kam er durch rauhes, wildes Land, Nebel und Wolken warfen sich ihm in den Weg, es stürmte immerfort; dann fand er unabsehliche Sandwüsten, glühenden Staub, und wie er wandelte, so veränderte sich auch sein Gemüth, die Zeit wurde ihm lang und die innre Unruhe legte sich, er wurde sanfter und das gewaltige Treiben in ihm allgemach zu einem leisen, aber starken Zuge, in den sein ganzes Gemüth sich auflöste. Es lag wie viele Jahre hinter ihm. Nun wurde die Gegend auch wieder reicher und mannichfaltiger, die Luft lau und blau, der Weg ebener, grüne Büsche lockten ihn mit anmuthigem Schatten, aber er verstand ihre Sprache nicht, sie schienen auch nicht zu sprechen, und doch erfüllten sie auch sein Herz mit grünen Farben und kühlem, stillem Wesen. Immer höher wuchs jene süße Sehnsucht in ihm, und immer breiter und saftiger wurden die Blätter, immer lauter und lustiger die Vögel und Thiere, balsamischer die Früchte, dunkler der Himmel, wärmer die Luft, und heißer seine Liebe, die Zeit ging immer schneller, als sähe sie sich nahe am Ziele. Eines Tages begegnete er einem krystallnen Quell und einer Menge Blumen, die kamen in ein Thal herunter zwischen schwarzen himmelhohen Säulen. Sie grüßten ihn freundlich mit bekannten Worten. Liebe Landsleute, sagte er, wo find' ich wohl den geheiligten Wohnsitz der Isis? Hier herum muß er seyn, und ihr seid vielleicht hier bekannter, als ich. Wir gehn auch nur hier durch, antworteten die Blumen; eine Geisterfamilie ist auf der Reise und wir bereiten ihr Weg und Quartier, indeß sind wir vor kurzem durch eine Gegend gekommen, da hörten wir ihren Namen nennen. Gehe nur aufwärts, wo wir herkommen, so wirst du schon mehr erfahren. Die Blumen und die Quelle lächelten, wie sie das sagten, boten ihm einen frischen Trunk und gingen weiter. Hyacinth folgte ihrem Rath, frug und frug und kam endlich zu jener längst gesuchten Wohnung, die unter Palmen und andern köstlichen Gewächsen versteckt lag. Sein Herz klopfte in unendlicher Sehnsucht, und die süßeste Bangigkeit durchdrang ihn in dieser Behausung der ewigen Jahreszeiten. Unter himmlischen Wohlgedüften entschlummerte er, weil ihn nur der Traum in das Allerheiligste führen durfte. Wunderlich führte ihn der Traum durch unendliche Gemächer voll seltsamer Sachen auf lauter reitzenden Klängen und in abwechselnden Accorden. Es dünkte ihm alles so bekannt und doch in niegesehener Herrlichkeit, da schwand auch der letzte irdische Anflug, wie in Luft verzehrt, und er stand vor der himmlischen Jungfrau, da hob er den leichten, glänzenden Schleyer, und Rosenblüthchen sank in seine Arme. Eine ferne Musik umgab die Geheimnisse des liebenden Wiedersehns, die Ergießungen der Sehnsucht, und schloß alles Fremde von diesem entzückenden Orte aus. Hyacinth lebte nachher noch lange mit Rosenblüthchen unter seinen frohen Eltern und Gespielen, und unzählige Enkel dankten der alten wunderlichen Frau für ihren Rath und ihr Feuer; denn damals bekamen die Menschen so viel Kinder, als sie wollten. —

Die Lehrlinge umarmten sich und gingen fort. Die weiten hallenden Säle standen leer und hell da, und das wunderbare Gespräch in zahllosen Sprachen unter den tausendfaltigen Naturen, die in diesen Sälen zusammengebracht und in mannichfaltigen Ordnungen aufgestellt waren, dauerte fort. Ihre innern Kräfte spielten gegen einander. Sie strebten in ihre Freiheit, in ihre alten Verhältnisse zurück. Wenige standen auf ihrem eigentlichen Platze, und sahen in Ruhe dem mannichfaltigen Treiben um sich her zu. Die Übrigen klagten über entsetzliche Qualen und Schmerzen, und bejammerten das alte, herrliche Leben im Schooße der Natur, wo sie eine gemeinschaftliche Freiheit vereinigte, und jedes von selbst erhielt, was es bedurfte. O! daß der Mensch, sagten sie, die innre Musik der Natur verstände, und einen Sinn für äußere Harmonie hätte. Aber er weiß ja kaum, daß wir zusammen gehören, und keins ohne das andere bestehen kann. Er kann nichts liegen lassen, tyrannisch trennt er uns und greift in lauter Dissonanzen herum. Wie glücklich könnte er seyn, wenn er mit uns freundlich umginge, und auch in unsern großen Bund träte, wie ehemals in der goldnen Zeit, wie er sie mit Recht nennt. In jener Zeit verstand er uns, wie wir ihn verstanden. Seine Begierde, Gott zu werden, hat ihn von uns getrennt, er sucht, was wir nicht wissen und ahnden können, und seitdem ist er keine begleitende Stimme, keine Mitbewegung mehr. Er ahndet wohl die unendliche Wollust, den ewigen Genuß in uns, und darum hat er eine so wunderbare Liebe zu Einigen unter uns. Der Zauber des Goldes, die Geheimnisse der Farben, die Freuden des Wassers sind ihm nicht fremd, in den Antiken ahndet er die Wunderbarkeit der Steine, und dennoch fehlt ihm noch die süße Leidenschaft für das Weben der Natur, das Auge für unsre entzückenden Mysterien. Lernt er nur einmal fühlen? Diesen himmlischen, diesen natürlichsten aller Sinne kennt er noch wenig: durch das Gefühl würde die alte, ersehnte Zeit zurückkommen; das Element des Gefühls ist ein inneres Licht, was sich in schöner'n, kräftiger'n Farben bricht. Dann gingen die Gestirne in ihm auf, er lernte die ganze Welt fühlen, klärer und mannichfaltiger, als ihm das Auge jetzt Grenzen und Flächen zeigt. Er würde Meister eines unendlichen Spiels und vergäße alle thörichten Bestrebungen in einem ewigen, sich selbst nährenden und immer wachsenden Genusse. Das Denken ist nur ein Traum des Fühlens, ein erstorbenes Fühlen, ein blaßgraues, schwaches Leben.

Wie sie so sprachen, strahlte die Sonne durch die hohen Fenster, und in ein sanftes Säuseln verlor sich der Lärm des Gesprächs; eine unendliche Ahndung durchdrang alle Gestalten, die lieblichste Wärme verbreitete sich über alle, und der wunderbarste Naturgesang erhob sich aus der tiefsten Stille. Man hörte Menschenstimmen in der Nähe, die großen Flügelthüren nach dem Garten zu

2.36 wurden geöffnet, und einige Reisende setzten sich auf die Stufen der breiten Treppe, in den Schatten des Gebäudes. Die reitzende Landschaft lag in schöner Erleuchtung vor ihnen, und im Hintergrunde verlor sich der Blick an blauen Gebirgen hinauf. Freundliche Kinder brachten mannichfaltige Speisen und Getränke, und bald begann ein lebhaftes Gespräch unter ihnen.

Auf alles, was der Mensch vornimmt, muß er seine *ungetheilte* Aufmerksamkeit oder sein Ich richten, sagte endlich der Eine, und wenn er dieses gethan hat, so entstehn bald Gedanken, oder eine neue Art von Wahrnehmungen, die nichts als zarte Bewegungen eines färbenden oder klappernden Stifts, oder wunderliche Zusammenziehungen und Figurationen einer elastischen Flüssigkeit zu seyn scheinen, auf eine wunderbare Weise in ihm. Sie verbreiten sich von dem Punkte, wo er den Eindruck fest stach, nach allen Seiten mit lebendiger Beweglichkeit, und nehmen sein Ich mit fort. Er kann dieses Spiel oft gleich wieder vernichten, indem er seine Aufmerksamkeit wieder theilt oder nach Willkühr herumschweifen läßt, denn sie scheinen nichts als Strahlen und Wirkungen, die jenes Ich nach allen Seiten zu in jenem elastischen Medium erregt, oder seine Brechungen in demselben, oder überhaupt ein seltsames Spiel der Wellen dieses Meers mit der starren Aufmerksamkeit zu seyn. Höchst merkwürdig ist es, daß der Mensch erst in diesem Spiele seine Eigenthümlichkeit, seine specifische Freiheit recht gewahr wird, und daß es ihm vorkommt, als erwache er aus einem tiefen Schlafe, als sey er nun erst in der Welt zu Hause, und verbreite jetzt erst das Licht des Tages sich über seine innere Welt. Er glaubt es am höchsten gebracht zu haben, wenn er, ohne jenes Spiel zu stören, zugleich die gewöhnlichen Geschäfte der Sinne vornehmen, und empfinden und denken zugleich kann. Dadurch gewinnen beide Wahrnehmungen: die Außenwelt wird durchsichtig und die Innenwelt mannichfaltig und bedeutungsvoll, und so befindet sich der Mensch in einem innig lebendigen Zustande zwischen zwey Welten in der vollkommensten Freiheit und dem freudigsten Machtgefühl. Es ist natürlich, daß der Mensch diesen Zustand zu verewigen und ihn über die ganze Summe seiner Eindrücke zu verbreiten sucht; daß er nicht müde wird, diese Associationen beider Welten zu verfolgen, und ihren Gesetzen und ihren Sympathien und Antipathieen nachzuspüren. Den Inbegriff dessen, was uns rührt, nennt man die Natur, und also steht die Natur in einer unmittelbaren Beziehung auf die Gliedmaßen unsers Körpers, die wir Sinne nennen. Unbekannte und geheimnißvolle Beziehungen unsers Körpers lassen unbekannte und geheimnißvolle Verhältnisse der Natur vermuthen, und so ist die Natur jene wunderbare Gemeinschaft, in die unser Körper uns einführt, und die wir nach dem Maaße seiner Einrichtungen und Fähigkeiten kennen lernen. Es frägt sich, ob wir die Natur der Naturen durch diese specielle Natur wahrhaft begreifen lernen können, und in wiefern unsre Gedanken und die Intensität unsrer Aufmerksamkeit durch dieselbe bestimmt werden, oder sie bestimmen, und dadurch von der Natur losreißen und vielleicht ihre zarte Nachgiebigkeit verderben. Man sieht wohl, daß diese innern Verhältnisse und

Einrichtungen unsers Körpers vor allen Dingen erforscht werden müssen, ehe wir diese Frage zu beantworten und in die Natur der Dinge zu dringen hoffen können. Es ließe sich jedoch auch denken, daß wir überhaupt erst uns mannichfach im Denken müßten geübt haben, ehe wir uns an dem innern Zusammenhang unsers Körpers versuchen und seinen Verstand zum Verständniß der Natur gebrauchen könnten, und da wäre freylich nichts natürlicher, als alle mögliche Bewegungen des Denkens hervorzubringen und eine Fertigkeit in diesem Geschäft, so wie eine Leichtigkeit zu erwerben, von Einer zur Andern überzugehen und sie mannichfach zu verbinden und zu zerlegen. Zu dem Ende müßte man alle Eindrücke aufmerksam betrachten, das dadurch entstehende Gedankenspiel ebenfalls genau bemerken, und sollten dadurch abermals neue Gedanken entstehn, auch diesen zusehn, um so allmählich ihren Mechanismus zu erfahren und durch eine oftmalige Wiederholung die mit jedem Eindruck beständig verbundnen Bewegungen von den übrigen unterscheiden und behalten zu lernen. Hätte man dann nur erst einige Bewegungen, als Buchstaben der Natur, herausgebracht, so würde das Dechiffriren immer leichter von statten gehn, und die Macht über die Gedankenerzeugung und Bewegung den Beobachter in Stand setzen, auch ohne vorhergegangenen wirklichen Eindruck, Naturgedanken hervorzubringen und Naturcompositionen zu entwerfen, und dann wäre der Endzweck erreicht.

Es ist wohl viel gewagt, sagte ein Anderer, so aus den äußerlichen Kräften und Erscheinungen der Natur sie zusammen setzen zu wollen, und sie bald für ein ungeheures Feuer, bald für einen wunderbar gestalteten Fall, bald für eine Zweyheit oder Dreyheit, oder für irgend eine andere seltsamliche Kraft auszugeben. Es wäre denkbarer, daß sie das Erzeugniß eines unbegreiflichen Einverständnisses unendlich verschiedner Wesen wäre, das wunderbare Band der Geisterwelt, der Vereinigungs- und Berührungspunkt unzähliger Welten.

Laß es gewagt seyn, sprach ein Dritter; je willkührlicher das Netz gewebt ist, das der kühne Fischer auswirft, desto glücklicher ist der Fang. Man ermuntre nur jeden, seinen Gang so weit als möglich fortzusetzen, und jeder sey willkommen, der mit einer neuen Fantasie die Dinge überspinnt. Glaubst du nicht, daß es gerade die gut ausgeführten Systeme seyn werden, aus denen der künftige Geograph der Natur die Data zu seiner großen Naturkarte nimmt? Sie wird er vergleichen, und diese Vergleichung wird uns das sonderbare Land erst kennen lehren. Die Erkenntniß der Natur wird aber noch himmelweit von ihrer Auslegung verschieden seyn. Der eigentliche Chiffrirer wird vielleicht dahin kommen, mehrere Naturkräfte zugleich zu Hervorbringung herrlicher und nützlicher Erscheinungen in Bewegung zu setzen, er wird auf der Natur, wie auf einem großen Instrument fantasiren können, und doch wird er die Natur nicht verstehn. Dies ist die Gabe des Naturhistorikers, des Zeitensehers, der vertraut mit der Geschichte der Natur, und bekannt mit der Welt, diesem höheren Schauplatz der Naturgeschichte, ihre Bedeutungen wahrnimmt und weißagend verkündigt. Noch ist dieses Gebiet ein unbekanntes, ein heiliges Feld. Nur göttliche

Gesandte haben einzelne Worte dieser höchsten Wissenschaft fallen lassen, und es ist nur zu verwundern, daß die ahndungsvollen Geister sich diese Ahndung haben entgehn lassen und die Natur zur einförmigen Maschine, ohne Vorzeit und Zukunft, erniedrigt haben. Alles Göttliche hat eine Geschichte und die Natur, dieses einzige Ganze, womit der Mensch sich vergleichen kann, sollte nicht so gut wie der Mensch in einer Geschichte begriffen seyn, oder welches eins ist, einen Geist haben? die Natur wäre nicht die Natur, wenn sie keinen Geist hätte, nicht jenes einzige Gegenbild der Menschheit nicht die unentbehrliche Antwort dieser geheimnißvollen Frage, oder die Frage zu dieser unendlichen Antwort.

Nur die Dichter haben es gefühlt, was die Natur den Menschen seyn kann, begann ein schöner Jüngling, und man kann auch hier von ihnen sagen, daß sich die Menschheit in ihnen in der vollkommensten Auflösung befindet, und daher jeder Eindruck durch ihre Spiegelhelle und Beweglichkeit rein in allen seinen unendlichen Veränderungen nach allen Seiten fortgepflanzt wird. Alles finden sie in der Natur. Ihnen allein bleibt die Seele derselben nicht fremd, und sie suchen in ihrem Umgang alle Seligkeiten der goldnen Zeit nicht umsonst. Für sie hat die Natur alle Abwechselungen eines unendlichen Gemüths, und mehr als der geistvollste, lebendigste Mensch überrascht sie durch sinnreiche Wendungen und Einfälle, Begegnungen und Abweichungen, große Ideen und Bizarrerieen. Der unerschöpfliche Reichtum ihrer Fantasie läßt keinen vergebens ihren Umgang aufsuchen. Alles weiß sie zu verschönern, zu beleben, zu bestätigen, und wenn auch im Einzelnen ein bewußtloser, nichtsbedeutender Mechanismus allein zu herrschen scheint, so sieht doch das tiefer sehende Auge eine wunderbare Sympathie mit dem menschlichen Herzen im Zusammentreffen und in der Folge der einzelnen Zufälligkeiten. Der Wind ist eine Luftbewegung, die manche äußere Ursachen haben kann, aber ist er dem einsamen, sehnsuchtsvollen Herzen nicht mehr, wenn er vorübersaust, von geliebten Gegenden herweht und mit tausend dunkeln, wehmüthigen Lauten den stillen Schmerz in einen tiefen melodischen Seufzer der ganzen Natur aufzulösen scheint? Fühlt nicht so auch im jungen, bescheidnen Grün der Frühlingswiesen der junge Liebende seine ganze blumenschwangre Seele mit entzückender Wahrheit ausgesprochen, und ist je die Üppigkeit einer nach süßer Auflösung in goldnen Wein lüsternen Seele köstlicher und erwecklicher erschienen, als in einer vollen, glänzenden Traube, die sich unter den breiten Blättern halb versteckt? Man beschuldigt die Dichter der Übertreibung, und hält ihnen ihre bildliche uneigentliche Sprache gleichsam nur zu gute, ja man begnügt sich ohne tiefere Untersuchung, ihrer Fantasie jene wunderliche Natur zuzuschreiben, die manches sieht und hört, was andere nicht hören und sehen, und die in einem lieblichen Wahnsinn mit der wirklichen Welt nach ihrem Belieben schaltet und waltet; aber mir scheinen die Dichter noch bei weitem nicht genug zu übertreiben, nur dunkel den Zauber jener Sprache zu ahnden und mit der Fantasie nur so zu spielen, wie ein Kind mit dem Zauberstabe seines Vaters spielt. Sie wissen nicht, welche Kräfte ihnen unterthan sind, welche Welten ihnen gehorchen müssen. Ist es denn nicht wahr, daß Steine und Wälder der Musik gehorchen und, von ihr gezähmt, sich jedem Willen wie Hausthiere fügen? – Blühen nicht wirklich die schönsten Blumen um die Geliebte und freuen sich sie zu schmücken? Wird für sie der Himmel nicht heiter und das Meer nicht eben? – Drückt nicht die ganze Natur so gut, wie das Gesicht, und die Geberden, der Puls und die Farben, den Zustand eines jeden der höheren, wunderbaren Wesen aus, die wir Menschen nennen? Wird nicht der Fels ein eigenthümliches Du, eben wenn ich ihn anrede? Und was bin ich anders, als der Strom, wenn ich wehmüthig in seine Wellen hinabschaue, und die Gedanken in seinem Gleiten verliere? Nur ein ruhiges, genußvolles Gemüth wird die Pflanzenwelt, nur ein lustiges Kind oder ein Wilder die Thiere verstehn. – Ob jemand die Steine und Gestirne schon verstand, weiß ich nicht, aber gewiß muß dieser ein erhabnes Wesen gewesen seyn. In jenen Statuen, die aus einer untergegangenen Zeit der Herrlichkeit des Menschengeschlechts übrig geblieben sind, leuchtet allein so ein tiefer Geist, so ein seltsames Verständniß der Steinwelt hervor, und überzieht den sinnvollen Betrachter mit einer Steinrinde, die nach innen zu wachsen scheint. Das Erhabne wirkt versteinernd, und so dürften wir uns nicht über das Erhabne der Natur und seine Wirkungen wundern, oder nicht wissen, wo es zu suchen sey. Könnte die Natur nicht über den Anblick Gottes zu Stein geworden seyn? Oder vor Schrecken über die Ankunft des Menschen?

Über diese Rede war der, welcher zuerst gesprochen

hatte, in tiefe Betrachtung gesunken, die fernen Berge wurden buntgefärbt, und der Abend legte sich mit süßer Vertraulichkeit über die Gegend. Nach einer langen Stille hörte man ihn sagen: Um die Natur zu begreifen, muß man die Natur innerlich in ihrer ganzen Folge entstehen lassen. Bey dieser Unternehmung muß man sich bloß von der göttlichen Sehnsucht nach Wesen, die uns gleich sind, und den nothwendigen Bedingungen dieselben zu vernehmen, bestimmen lassen, denn wahrhaftig die ganze Natur ist nur als Werkzeug und Medium des Einverständnisses vernünftiger Wesen begreiflich. Der denkende Mensch kehrt zur ursprünglichen Function seines Daseyns, zur schaffenden Betrachtung, zu jenem Punkte zurück, wo Hervorbringen und Wissen in der wundervollsten Wechselverbindung standen, zu jenem schöpferischen Moment des eigentlichen Genusses, des innern Selbstempfängnisses. Wenn er nun ganz in die *Beschauung* dieser Urerscheinung versinkt, so entfaltet sich vor ihm in neu entstehenden Zeiten und Räumen, wie ein unermeßliches Schauspiel, die Erzeugungsgeschichte der Natur, und jeder feste Punkt, der sich in der unendlichen Flüssigkeit ansetzt, wird ihm eine neue Offenbarung des Genius der Liebe, ein neues Band des Du und des Ich. Die sorgfältige Beschreibung dieser innern Weltgeschichte ist die wahre Theorie der Natur; durch den Zusammenhang seiner Gedankenwelt in sich, und ihre Harmonie mit dem Universum, bildet sich von selbst ein Gedankensystem zur getreuen Abbildung und Formel des Universums. Aber die Kunst des ruhigen Beschauens, der schöpferischen Weltbetrachtung ist schwer, unaufhörliches ernstes Nachdenken und strenge Nüchternheit fodert die Ausführung, und die Belohnung wird kein Beifall der mühescheuenden Zeitgenossen, sondern nur eine Freude des Wissens und Wachens, eine innigere Berührung des Universums seyn.

Ja, sagte der Zweite, nichts ist so bemerkenswerth, als das große Zugleich in der Natur. Ueberall scheint die Natur ganz gegenwärtig. In der Flamme eines Lichts sind alle Naturkräfte thätig, und so repräsentirt und verwandelt sie sich überall und unaufhörlich, treibt Blätter, Blüthen und Früchte zusammen, und ist mitten in der Zeit gegenwärtig, vergangen und zukünftig zugleich; und wer weiß, in welche eigne Art von Ferne sie ebenfalls wirkt und ob nicht dieses Natursystem nur eine Sonne ist im Universo, die durch Bande an dasselbe geknüpft ist, durch ein Licht und einen Zug und Einflüsse, die zunächst in unserm Geiste sich deutlicher vernehmen lassen, und aus ihm heraus den Geist des Universums über diese Natur ausgießen, und den Geist dieser Natur an andere Natursysteme vertheilen.

Wenn der Denker, sprach der Dritte, mit Recht als Künstler den thätigen Weg betritt, und durch eine geschickte Anwendung seiner geistigen Bewegungen das Weltall auf eine einfache, räthselhaft scheinende Figur zu reduciren sucht, ja man möchte sagen die Natur tanzt, und mit Worten die Linien der Bewegungen nachschreibt, so muß der Liebhaber der Natur dieses kühne Unternehmen bewundern, und sich auch über das Gedeihen dieser menschlichen Anlage freuen. Billig stellt der Künstler die Thätigkeit oben an, denn sein Wesen ist Thun und Hervorbringen mit Wissen und

Willen, und seine Kunst ist, sein Werkzeug zu allem gebrauchen, die Welt auf seine Art nachbilden zu können, und darum wird das Princip seiner Welt Thätigkeit, und seine Welt seine Kunst. Auch hier wird die Natur in neuer Herrlichkeit sichtbar, und nur der gedankenlose Mensch wirft die unleserlichen, wunderlich gemischten Worte mit Verachtung weg. Dankbar legt der Priester diese neue, erhabene Meßkunst auf den Altar zu der magnetischen Nadel, die sich nie verirrt, und zahllose Schiffe auf dem pfadlosen Ozean zu bewohnten Küsten und den Häfen des Vaterlandes zurück führte. Außer dem Denker giebt es aber noch andre Freunde des Wissens, die dem Hervorbringen durch Denken nicht vorzüglich zugethan, und also ohne Beruf zu dieser Kunst, lieber Schüler der Natur werden, ihre Freude im Lernen, nicht im Lehren, im Erfahren, nicht im Machen, im Empfangen, nicht im Geben finden. Einige sind geschäftig und nehmen im Vertrauen auf die Allgegenwart und die innige Verwandtschaft der Natur, mithin auch im Voraus von der Unvollständigkeit und der Continuität alles Einzelnen überzeugt, irgend eine Erscheinung mit Sorgfalt auf, und halten den in tausend Gestalten sich verwandelnden Geist derselben mit stetem Blicke fest, und gehn dann an diesem Faden durch alle Schlupfwinkel der geheimen Werkstätte, um eine vollständige Verzeichnung dieser labyrinthischen Gänge entwerfen zu können. Sind sie mit dieser mühseligen Arbeit fertig, so ist auch unvermerkt ein höherer Geist über sie gekommen, und es wird ihnen dann leicht, über die vorliegende Karte zu reden und jedem Suchenden seinen Weg vorzuschreiben. Unermeßlicher Nutzen segnet ihre mühsame Arbeit, und der Grundriß ihrer Karte wird auf eine überraschende Weise mit dem Systeme des Denkers übereinstimmen, und sie werden diesem zum Trost gleichsam den lebendigen Beweis seiner abstrakten Sätze unwillkührlich geführt haben. Die Müßigsten unter ihnen erwarten kindlich von liebevoller Mittheilung höherer, von ihnen mit Inbrunst verehrter Wesen die ihnen nützliche Kenntniß der Natur. Sie mögen Zeit und Aufmerksamkeit in diesem kurzen Leben nicht Geschäften widmen, und dem Dienste der Liebe entziehn. Durch frommes Betragen suchen sie nur Liebe zu gewinnen, nur Liebe mitzutheilen, unbekümmert um das große Schauspiel der Kräfte, ruhig ihrem Schicksale in diesem Reiche der Macht ergeben, weil das innige Bewußtseyn ihrer Unzertrennlichkeit von den geliebten Wesen sie erfüllt, und die Natur sie nur als Abbild und Eigenthum derselben rührt. Was brauchen diese glücklichen Seelen zu wissen, die das beste Theil erwählt haben, und als reine Flammen der Liebe in dieser irdischen Welt nur auf den Spitzen der Tempel oder auf umhergetriebenen Schiffen, als Zeichen des überströmenden himmlischen Feuers lodern? Oft erfahren diese liebenden Kinder in seligen Stunden herrliche Dinge aus den Geheimnissen der Natur, und thun sie in unbewußter Einfalt kund. Ihren Tritten folgt der Forscher, um jedes Kleinod zu sammeln, was sie in ihrer Unschuld und Freude haben fallen lassen, ihrer Liebe huldigt der mitfühlende Dichter und sucht durch seine Gesänge diese Liebe, diesen Keim des goldnen Alters, in andre Zeiten und Länder zu verpflanzen.

Wem regt sich nicht, rief der Jüngling mit funkelndem Auge, das Herz in hüpfender Lust, wenn ihm das innerste Leben der Natur in seiner ganzen Fülle in das Gemüth kommt! wenn dann jenes mächtige Gefühl, wofür die Sprache keine andere Namen als Liebe und Wollust hat, sich in ihm ausdehnt, wie ein gewaltiger, alles auflösender Dunst, und er bebend in süßer Angst in den dunkeln lockenden Schoos der Natur versinkt, die arme Persönlichkeit in den überschlagenden Wogen der Lust sich verzehrt, und nichts als ein Brennpunkt der unermeßlichen Zeugungskraft, ein verschluckender Wirbel im großen Ozean übrig bleibt! Was ist die überall erscheinende Flamme? Eine innige Umarmung, deren süße Frucht in wollüstigen Tropfen herunterthaut. Das Wasser, dieses erstgeborne Kind luftiger Verschmelzungen, kann seinen wollüstigen Ursprung nicht verläugnen und zeigt sich, als Element der Liebe und der Mischung mit himmlischer Allgewalt auf Erden. Nicht unwahr haben alte Weisen im Wasser den Ursprung der Dinge gesucht, und wahrlich sie haben von einem höhern Wasser, als dem Meer- und Quellwasser gesprochen. In jenem offenbaret sich nur das Urflüssige, wie es im flüssigen Metall zum Vorschein kommt, und darum mögen die Menschen es immer auch nur göttlich verehren. Wie wenige haben sich noch in die Geheimnisse des Flüssigen vertieft und manchem ist diese Ahndung des höchsten Genusses und Lebens wohl nie in der trunkenen Seele aufgegangen. Im Durste offenbaret sich diese Weltseele, diese gewaltige Sehnsucht nach dem Zerfließen. Die Berauschten fühlen nur zu gut diese überirdische Wonne des Flüssigen, und am Ende sind alle angenehme Empfindungen in uns mannichfache Zerfließungen, Regungen jener Urgewässer in uns. Selbst der Schlaf ist nichts als die Flut jenes unsichtbaren Weltmeers, und das Erwachen das Eintreten der Ebbe. Wie viele Menschen stehn an den berauschenden Flüssen und hören nicht das Wiegenlied dieser mütterlichen Gewässer, und genießen nicht das entzückende Spiel seiner unendlichen Wellen! Wie diese Wellen, lebten wir in der goldnen Zeit; in buntfarbigen Wolken, diesen schwimmenden Meeren und Urquellen des Lebendigen auf Erden, liebten und erzeugten sich die Geschlechter der Menschen in ewigen Spielen; wurden besucht von den Kindern des Himmels und erst in jener großen Begebenheit, welche heilige Sagen die Sündflut nennen, ging diese blühende Welt unter; ein feindliches Wesen schlug die Erde nieder, und einige Menschen blieben geschwemmt auf die Klippen der neuen Gebirge in der fremden Welt zurück. Wie seltsam, daß gerade die heiligsten und reitzendsten Erscheinungen der Natur in den Händen so todter Menschen sind, als die Scheidekünstler zu seyn pflegen! sie, die den schöpferischen Sinn der Natur mit Macht erwecken, nur ein Geheimniß der Liebenden, Mysterien der höhern Menschheit seyn sollten, werden mit Schaamlosigkeit und sinnlos von rohen Geistern hervorgerufen, die nie wissen werden, welche Wunder ihre Gläser umschließen. Nur Dichter sollten mit dem Flüssigen umgehn, und von ihm der glühenden Jugend erzählen dürfen; die Werkstätten wären Tempel und mit neuer Liebe würden die Menschen ihre Flamme und ihre Flüsse verehren und sich ihrer rühmen. Wie glücklich würden die

Städte sich wieder dünken, die das Meer oder ein großer Strom bespült, und jede Quelle würde wieder die Freistätte der Liebe und der Aufenthalt der erfahrnen und geistreichen Menschen. Darum lockt auch die Kinder nichts mehr als Feuer und Wasser, und jeder Strom verspricht ihnen, in die bunte Ferne, in schönere Gegenden sie zu führen. Es ist nicht blos Wiederschein, daß der Himmel im Wasser liegt, es ist eine zarte Befreundung, ein Zeichen der Nachbarschaft, und wenn der unerfüllte Trieb in die unermeßliche Höhe will, so versinkt die glückliche Liebe gern in die endlose Tiefe. Aber es ist umsonst, die Natur lehren und predigen zu wollen. Ein Blindgeborner lernt nicht sehen, und wenn man ihm noch so viel von Farben und Lichtern und fernen Gestalten erzählen wollte. So wird auch keiner die Natur begreifen, der kein Naturorgan, kein innres naturerzeugendes und absonderndes Werkzeug hat, der nicht, wie von selbst, überall die Natur an allem erkennt und unterscheidet und mit angeborner Zeugungslust, in inniger mannichfaltiger Verwandtschaft mit allen Körpern, durch das Medium der Empfindung, sich mit allen Naturwesen vermischt, sich gleichsam in sie hineinfühlt. Wer aber einen richtigen und geübten Natursinn hat, der genießt die Natur, indem er sie studirt, und freut sich ihrer unendlichen Mannichfaltigkeit, ihrer Unerschöpflichkeit im Genusse, und bedarf nicht, daß man ihn mit unnützen Worten in seinen Genüssen störe. Ihm dünkt vielmehr, daß man nicht heimlich genug mit der Natur umgehen, nicht zart genug von ihr reden, nicht ungestört und aufmerksam genug sie beschauen kann. Er fühlt sich in ihr, wie am Busen seiner züchtigen Braut und vertraut auch nur dieser seine erlangten Einsichten in süßen vertraulichen Stunden. Glücklich preis' ich diesen Sohn, diesen Liebling der Natur, dem sie verstattet sie in ihrer Zweyheit, als erzeugende und gebärende Macht, und in ihrer Einheit, als eine unendliche, ewigdauernde Ehe, zu betrachten. Sein Leben wird eine Fülle aller Genüsse, eine Kette der Wollust und seine Religion der eigentliche, ächte Naturalismus seyn.

Unter dieser Rede hatte sich der Lehrer mit seinen Lehrlingen der Gesellschaft genähert. Die Reisenden standen auf und begrüßten ihn ehrfurchtsvoll. Ein erfrischende Kühlung verbreitete sich aus den dunkeln Laubgängen über den Platz und die Stufen. Der Lehrer ließ einen jener seltnen leuchtenden Steine bringen, die man Karfunkel nennt, und ein hellrothes, kräftiges Licht goß sich über die verschiednen Gestalten und Kleidungen aus. Es entspann sich bald eine freundliche Mittheilung unter ihnen. Während eine Musik aus der Ferne sich hören ließ und eine kühlende Flamme aus Krystallschaalen in die Lippen der Sprechenden hineinloderte, erzählten die Fremden merkwürdige Erinnerungen ihrer weiten Reisen. Voll Sehnsucht und Wißbegierde hatten sie sich aufgemacht, um die Spuren jenes verloren gegangenen Urvolks zu suchen, dessen entartete und verwilderte Reste die heutige Menschheit zu seyn schiene, dessen hoher Bildung sie noch die wichtigsten und unentbehrlichsten Kenntnisse und Werkzeuge zu danken hat. Vorzüglich hatte sie jene heilige Sprache gelockt, die das glänzende Band jener königlichen Menschen mit überirdischen Gegenden und Bewohnern gewesen war, und von der einige Worte, nach dem Verlaut mannichfaltiger Sagen, noch im Besitz einiger glücklichen Weisen unter unsern Vorfahren gewesen seyn mögen. Ihre Aussprache war ein wunderbarer Gesang, dessen unwiderstehliche Töne tief in das Innere jeder Natur eindrangen und sie zerlegten. Jeder ihrer Namen schien das Loosungswort für die Seele jedes Naturkörpers. Mit schöpferischer Gewalt erregten diese Schwingungen alle Bilder der Welterscheinungen, und von ihnen konnte man mit Recht sagen, daß das Leben des Universums ein ewiges tausendstimmiges Gespräch sey; denn in ihrem Sprechen schienen alle Kräfte, alle Arten der Thätigkeit auf das Unbegreiflichste vereinigt zu seyn. Die Trümmer dieser Sprache, wenigstens alle Nachrichten von ihr, aufzusuchen, war ein Hauptzweck ihrer Reise gewesen, und der Ruf des Alterthums hatte sie auch nach Sais gezogen. Sie hofften hier von den erfahrnen Vorstehern des Tempelarchivs wichtige Nachrichten zu erhalten, und vielleicht in den großen Sammlungen aller Art selbst Aufschlüsse zu finden. Sie baten den Lehrer um die Erlaubniß, eine Nacht im Tempel schlafen, und seinen Lehrstunden einige Tage beiwohnen zu dürfen. Sie erhielten was sie wünschten, und freuten sich innig, wie der Lehrer aus dem Schatze seiner Erfahrungen ihre Erzählungen mit mannichfaltigen Bemerkungen begleitete, und eine Reihe lehrreicher und anmuthiger Geschichten und Beschreibungen vor ihnen entwickelte. Endlich kam er auch auf das Geschäft seines Alters, den unterschiednen Natursinn in jungen Gemüthern zu erwecken, zu üben, zu schärfen, und ihn mit den andern Anlagen zu höheren Blüthen und Früchten zu verknüpfen.

Ein Verkündiger der Natur zu seyn, ist ein schönes und heiliges Amt, sagte der Lehrer. Nicht der bloße Umfang und Zusammenhang der Kenntnisse, nicht die Gabe, diese Kenntnisse leicht und rein an bekannte Begriffe und Erfahrungen anzuknüpfen, und die eigenthümlichen fremd klingenden Worte mit gewöhnlichen Ausdrücken zu vertauschen, selbst nicht die Geschicklichkeit einer reichen Einbildungskraft, die Naturerscheinungen in leicht faßliche und treffend beleuchtete Gemählde zu ordnen, die entweder durch den Reitz der Zusammenstellung und den Reichthum des Inhalts die Sinne spannen und befriedigen, oder den Geist durch eine tiefe Bedeutung entzücken, alles dies macht noch nicht das ächte Erforderniß eines Naturkündigers aus. Wem es um etwas anders zu thun ist, als um die Natur, dem ist es vielleicht genug, aber wer eine innige Sehnsucht nach der Natur spürt, wer in ihr alles sucht, und gleichsam ein empfindliches Werkzeug ihres geheimen Thuns ist, der wird nur den für seinen Lehrer und für den Vertrauten der Natur erkennen, der mit Andacht und Glauben von ihr spricht, dessen Reden die wunderbare, unnachahmliche Eindringlichkeit und Unzertrennlichkeit haben, durch die sich wahre Evangelia, wahre Eingebungen ankündigen. Die ursprünglich günstige Anlage eines solchen natürlichen Gemüths muß durch unablässigen Fleiß von Jugend auf, durch Einsamkeit und Stillschweigen, weil vieles Reden sich nicht mit der steten Aufmerksamkeit verträgt, die ein solcher anwenden muß, durch kindliches, bescheidnes Wesen und unermüdliche Geduld unterstützt und ausgebildet seyn. Die Zeit läßt sich nicht bestimmen, wie bald einer ihrer Geheimnisse theilhaftig wird. Manche Beglückte gelangten früher, manche erst im hohen Alter dazu. Ein wahrer Forscher wird nie alt, jeder ewige Trieb ist außer dem Gebiete der Lebenszeit, und je mehr die äußere Hülle verwittert, desto heller und glänzender und mächtiger wird der Kern. Auch haftet diese Gabe nicht an äußerer Schönheit, oder Kraft, oder Einsicht, oder irgend einem menschlichen Vorzug. In allen Ständen, unter jedem Alter und Geschlecht, in allen Zeitaltern und unter jedem Himmelsstriche hat es Menschen gegeben, die von der Natur zu ihren Lieblingen ausersehn und durch inneres Empfängniß beglückt waren. Oft schienen diese Menschen einfältiger und ungeschickter zu seyn, als Andere, und blieben ihr ganzes Leben hindurch in der Dunkelheit des großen Haufens. Es ist sogar als eine rechte Seltenheit zu achten, wenn man das wahre Naturverständniß bey großer Beredsamkeit, Klugheit, und einem prächtigen Betragen findet, da es gemeiniglich die einfachen Worte, den geraden Sinn, und ein schlichtes Wesen hervorbringt oder begleitet. In den Werkstätten der Handwerker und Künstler, und da, wo die Menschen in vielfältigem Umgang und Streit mit der Natur sind, als da ist beim Ackerbau, bey der Schifffahrt, bey der Viehzucht, bey den Erzgruben, und so bey vielen andern Gewerben, scheint die Entwickelung dieses Sinns am leichtesten und öftersten statt zu finden. Wenn jede Kunst in der Erkenntniß der Mittel, einen gesuchten Zweck zu erreichen, eine bestimmte Wirkung und Erscheinung hervorzubringen, und in der Fertigkeit, diese Mittel zu wählen und anzuwenden, besteht, so muß derjenige, der den innern Beruf fühlt, das Naturverständniß mehreren Menschen gemein zu machen, diese Anlage in den Menschen vorzüglich zu entwickeln, und zu pflegen, zuerst auf die natürlichen Anlässe dieser Entwicklung sorgfältig zu achten und die Grundzüge dieser Kunst der Natur abzulernen suchen. Mit Hülfe dieser erlangten Einsichten wird er sich ein System der Anwendung dieser Mittel bey jedem gegebenen Individuum, auf Versuche, Zergliederung und Vergleichung gegründet, bilden, sich dieses System bis zur andern Natur aneignen, und dann mit Enthusiasmus sein belohnendes Geschäft anfangen. Nur diesen wird man mit Recht einen Lehrer der Natur nennen können, da jeder andre bloße Naturalist nur zufällig und sympathetisch, wie ein Naturerzeugniß selbst, den Sinn für die Natur erwecken wird.

Dialogen

1.

A. Der neue Meßkatalog?

B. Noch naß von der Presse.

A. Welche Last Buchstaben! welche ungeheure Abgabe von der Zeit!

B. Du scheinst zu den Omaristen zu gehören, wenn es erlaubt ist, euch nach den Consequentesten unter euch zu benennen.

A. Du willst doch nicht den Lobredner dieser Bücherseuche machen?

B. Warum den Lobredner? – Aber ich freue mich im Ernst über die jährliche Zunahme dieses Handlungsartikels, bey dem die Exportation nur Ehre, aber die Importation baaren Gewinn bringt. Es sind doch bey uns mehr wahre, gediegene Gedanken im Umlauf als bey unsren Nachbarn zusammengenommen: Die Entdeckung dieser mächtigen Minen in Deutschland, die mehr als Potosi, und Brasilien sind, und die wahrhaftig eine größere Revolution machen und machen werden, als die Entdeckung von Amerika fällt in die Mitte dieses Jahrhunderts. Wie haben wir nicht seitdem schon an wissenschaftlicher Gewinnung, Aufbereitung und glänzender und nutzbarer Bearbeitung zugenommen. Wir holen jetzt überall die rohen Erze oder die schönen Formen zusammen – schmelzen jene um, und wissen diese nachzuahmen und zu übertreffen. Und du willst, daß wir alles zuschütten und zu der rohen Armuth unsrer Väter zurückkehren sollen? Ist es nicht wenigstens eine Veranlassung zur Thätigkeit? und ist nicht jede Thätigkeit lobenswerth?

A. So läßt sich nichts dagegen einwenden, aber nun laß uns doch die große Kunst und das edle Metall näher beleuchten.

B. Die Argumente gegen das Ganze aus der Gebrechlichkeit und den Mängeln des Einzelnen lasse ich nicht gelten. So etwas will im Ganzen angesehn seyn.

A. Ein Ganzes aus elenden Gliedern ist selbst ein elendes, oder vielmehr gar kein Ganzes. Ja wenn es ein *Planmäßiger Fortschritt* wäre! Wenn jedes Buch irgendwo eine Lücke ausfüllte, und so jede Messe gleichsam ein systematisches Glied in der Bildungskette wäre, so wäre jede Messe eine nothwendige Periode, und so entstände aus zweckmäßigen Fortschritten endlich ein vollendeter Weg zur idealischen Bildung. Ein solcher systematischer Katalog, wie viel kleiner an Volumen und wie viel größer an Gewicht?

B. Es geht dir und vielen wie den Juden. Sie hoffen ewig auf den Messias, und dieser ist schon längst da. Glaubst du denn, daß das Menschenschicksal, oder wenn du willst, die Natur der Menschheit erst nöthig hat, unsre Hörsäle zu frequentiren, um zu erfahren, was ein System ist? Mir scheint es, als wenn unsre Systematiker noch bey ihr in die Schule gehen könnten. Die Zufälle sind die einzelnen Thatsachen: die Zusammenstellung der Zufälle, ihr Zusammentreffen ist nicht wieder Zufall, sondern Gesetz, Erfolg der tiefsinnigsten, planmäßigsten Weisheit. Es ist kein Buch im Meßkatalog, das nicht seine Frucht getragen hat, und hätte es auch nur den Boden gedüngt, auf dem es wuchs. Wir glauben viele Tautologieen zu finden, dort wo sie entstanden, belebten sie doch diese und jene Ideen vorzüglich. Sie sind nur für das Ganze, für uns, Tautologieen; der schlechteste Roman hat wenigstens den Freunden und Freundinnen des Verfassers ein Vergnügen gewährt. Armseelige Predigten und Erbauungsbücher haben ihr Publicum und Anhänger, und wirken in typographischer Rüstung mit zehnfacher Energie auf ihre Hörer und Leser, und so durchaus.

A. Du scheinst die nachtheiligen Folgen des Lesens, und den ungeheuren Kostenaufwand auf diesen Artikel des modernen Luxus ganz zu vergessen.

B. O Lieber – ist nicht das Geld zum Beleben da? Warum soll es nun nicht auch diesem Bedürfniß unsrer Natur dienen, den Sinn für Gedanken beseelen und befriedigen? In Ansehung der nachtheiligen Folgen, so bitt ich dich nur um ein augenblickliches ernstes Nachdenken, weil ein solcher Entwurf von dir mich beynah ärgert.

A. Ich weiß, wohin du willst, und ich wünsche in der That nicht die ächten Philister-Bedenklichkeiten zu den meinigen zu machen, indessen hast du nicht oft selbst genug über dein Bücherlesen geklagt? hast du nicht oft von der fatalen Gewöhnung an die gedruckte Natur gesprochen?

B. Es kann seyn, daß meine Klagen der Art Anlaß zu Mißverständnissen geben könnten; aber, abgerechnet, daß es gewöhnlich nur Äußerungen mißmüthiger Augenblicke sind, wo man nicht allgemein, sondern wie die Leidenschaft und Laune, einseitig spricht, so habe ich mich damit mehr über die unvermeidliche Schwäche unsrer Natur, ihren Gewöhnungs- und Verwöhnungs-Hang und nicht im Grunde über die Chifferwelt beschwert, diese kann nichts dafür, daß wir am Ende nur noch Bücher, aber keine Dinge mehr sehn, und unsre 5 leiblichen Sinne beynah so gut wie nicht mehr haben. Warum haften wir uns so einzig, wie kümmerliches Moos, an den Druckerstock?

A. Wenn das aber so fortgeht, so wird man am Ende keine ganze Wissenschaft mehr studieren können, so ungeheuer wächst der Umfang der Literatur.

B. Glaube das nicht. Übung macht den Meister und auch im Bücherlesen. Du lernst dich bald auf deine Leute verstehn. Man hat oft nicht zwey Seiten dem Autor zugehört, so weiß man schon, wen man vor sich hat. Oft ist der Titel selbst physiognomisch lesbar genug. Auch die Vorrede ist ein subtiler Büchermesser. Die Klügern lassen deshalb jetzt diesen verrätherischen Inhaltsanzeiger gewöhnlich weg, und die Bequemen thun es, weil eine gute Vorrede schwerer ist, wie das Buch, denn, wie der junge revolutionäre Lessing sich ausdrückt, so ist die Vorrede Wurzel und Quadrat des Buchs zugleich, und ich füge hinzu, mithin nichts anders als die ächte Recension desselben.

Die Citaten- und Kommentar-Manier der älteren Philologen, was war sie als Kind der Armuth an Büchern und des Überflusses an litterärischem Geist.

A. Ich weiß aber nicht, mir sind selbst der vortrefflichen Bücher zu viel. Wie lange bring' ich nicht bey Einem guten Buche zu, oder vielmehr jedes gute Buch wird mir zum Vehikel lebenslänglicher Beschäftigung, zum Gegenstand eines nie sich erschöpfenden Genusses. Warum schränkst du dich denn nur auf wenig gute und geistvolle Menschen ein? Ist es nicht aus demselben Grunde? Wir sind nun einmal so eingeschränkt, daß wir nur weniges ganz genießen können, und ist es nicht am Ende besser, Einen schönen Gegenstand sich durchaus zuzueignen, als an hunderten vorbeyzustreichen, überall zu nippen, und so mit vielen oft sich widersprechenden halben Genüssen zeitig genug sich die Sinne abzustumpfen, ohne etwas dabey auf ewig gewonnen zu haben?

B. Du sprichst wie ein Religios. Leider trifst du einen Pantheisten in mir, dem die unermeßliche Welt gerade weit genug ist. Ich schränke mich auf wenig gute und geistvolle Menschen ein, weil ich muß. Wo habe ich denn mehr? So mit Büchern. Die Büchermacherey wird mir noch bey weitem nicht genug ins Große getrieben. Wenn ich das Glück hätte Vater zu seyn, Kinder könnte ich nicht genug haben, nicht etwa zehn bis zwölf, hundert wenigstens.

A. Nicht auch Frauen, Vielhaber?

B. Nein, nur *Eine* im vollen Ernste.

A. Welche bizarre Inconsequenz!

B. Nicht bizarrer und nicht mehr Inconsequenz, als nur *Einen Geist* in mir, und nicht hundert. So wie mein Geist sich in Hundert und Millionen Geister verwandeln soll, so meine Frau in so viel Weiber als es giebt. Jeder Mensch ist ohne Maaß veränderlich. Wie mit den Kindern, so mit den Büchern. Ich möchte eine ganze Büchersammlung aus allen Kunst- und Wissenschaftsarten als Werk meines Geistes vor mir sehn. Und so mit allen. Wilhelm Meisters Lehrjahre haben wir jetzt allein. Wir sollten so viel Lehrjahre, in demselben Geist geschrieben, besitzen, als nur möglich wäre, die sämmtlichen Lehrjahre aller Menschen, die je gelebt hätten.

A. Jezt höre auf. Mir schwindelt schon. Morgen mehr. Dann bin ich wieder im Stande einige Gläser von deinem Lieblingswein mit zu trinken.

2.

A. Hast du heute Lust mir deine Ideen, über die Schriftstellerey und sonst, weiter mitzutheilen, ich hoffe einen lebhaften paradoxen Stoß ertragen zu können, und wenn du mich in Schwung bringst, so helfe ich dir vielleicht; wenn der Träge nur erst in Bewegung ist, so ist er auch desto unaufhaltsamer und kühner.

B. Natürlich, je schwerer ein Ding Kraft äußert, desto mehr Kraft kann es aufnehmen, und mit dieser Bemerkung ständen wir vor der deutschen Literatur, welche die Wahrheit derselben auffallend bestätigt. Ihre Capacität ist ungeheuer. Es dürfte ihr kein empfindlicher Vorwurf seyn, daß sie nicht leicht zu Filigranarbeiten zu benutzen sey. Indeß ist doch das nicht zu läugnen, daß Sie in Masse den alten Heerhaufen ihres Volks gleicht, die im Kampfe von Mann zu Mann wohl zehn römische Heere besiegt haben würden; aber freylich in Masse durch Gesammeltheit, Zucht, gut verbundene, leichte Bewegung und Übersicht der schicklichen Situation leicht zu werfen waren.

A. Glaubst du, daß ihre Geschwindigkeit und Kraft noch im Zunehmen, oder doch wenigstens noch im Zeitraum der gleichförmig beschleunigten Bewegung ist?

B. Im Zunehmen allerdings, und zwar so, daß sich ihr Kern immer mehr von der lockern Materie, die ihn umgab, und seine Bewegung aufhielt, scheidet und säubert. Bey einem Wesen, wie eine Literatur, findet der Fall Statt, daß die Kraft, die ihm den Stoß gab, bei vordringender Richtung in dem Verhältniß wächst, als seine Geschwindigkeit zunimmt, und daß sich also seine Capacität eben so vermehrt. Du siehst, daß es hier auf eine Unendlichkeit abgesehen ist. Es sind zwey veränderliche Factoren, die im wachsenden Wechselverhältniß stehen, und deren Produkt hyperbolisch fortschreitet. Um aber das Bild deutlicher zu machen, müssen wir uns erinnern, daß wir nicht mit einer Größenbewegung und Ausdehnung, sondern mit einer veredelnden Variation (Verschiebung) von Beschaffenheiten, deren Inbegriff wir Natur nennen, zu thun haben. Den Einen jener veränderlichen Factoren wollen wir die Sinnfähigkeit, Organibilität, Belebungsfähigkeit nennen, worinn denn zugleich die Variabilität mit begriffen ist. Der andre sey uns die Energie, Ordnung und Mannichfaltigkeit der erregenden Potenzen. Denke dir beyde in Wechselzunahme durchaus, und schließe dann auf die Productenreihe. Mit der Einfachheit wächst der Reichthum, mit der Harmonie die Volltönigkeit, die Selbst- und Vollständigkeit des Gliedes mit der des Ganzen, innre Vereinigung und äußere Verschiedenheit.

A. So treffend und schmeichelhaft auch dies Bild der

Geschichte unsrer Schriftwelt seyn kann, so ist es mir doch zu unverständlich, zu gelehrt. Ich verstehe es nur so obenhin, indessen mag das gut seyn, und ich bitte dich statt einer unerklärbaren Erklärung lieber die ewige Schneelinie zu verlassen und so plan als möglich über einige Erscheinungen am Fuße des Berges und aus dem Pflanzenstriche zu reden, hier bist du den Göttern nicht so nahe und ich habe keine Orakelsprache zu befürchten.

3.

[A.] Das Leben ist sehr kurz.

[B.] Mir kommt es sehr lang vor.

[A.] Es ist kurz, wo es lang, und lang, wo es kurz seyn sollte.

[B.] Wer lebt denn? Sind Sie es nicht, der bey dem Unangenehmen verweilt und bey dem Angenehmen vorbey fliegt? –

[A.] Das ist eben das Schlimme, das ich mich hierin nicht ändern kann, so wenig als Sie. Das Angenehme befördert unsre Kraft, das Unangenehme hemmet sie.

[B.] Nun und Sie merken doch hier Unvollständigkeit?

[A.] Leider nur zu lebhaft.

[B.] Wer heißt Sie, dieser Indication nicht folgen?

[A.] Was für einer Indication?

[B.] Daß Sie das, was Sie wünschen, nicht erwarten sondern aufsuchen sollen. Merken Sie nicht, daß Sie an sich selbst verwiesen werden?

[A.] Zur Geduld, das weiß ich schon lange.

[B.] Nicht auch zur Hülfe?

[A.] Der Kranke läßt den Arzt rufen, weil er sich nicht helfen kann.

[B.] Wenn nun aber der Arzt, gerade zur Arzney dem Kranken Anstrengung seines Verstandes vorschreibt? Wer sich selbst fehlt, kann nur dadurch geheilt werden, daß man ihm sich selbst verschreibt.

[A.] Vergessen Sie nicht, daß wir von der Länge und Kürze des Lebens ausgingen.

[B.] Die Anwendung ist kurz und leicht, wie der frohe Genuß, und lang und mühsam, wie Duldung. In jener Rücksicht gab ich sie Ihnen. In dieser bleibt sie Ihnen selbst überlassen. Mäßigen Sie das allzuschnelle Strömen der Kraft in der Freude durch Nachdenken. Beschleunigen Sie den trägen Fortschritt durch regelmäßige Thätigkeit.

[A.] Am Ende ist Ihr Recept doch nicht das, was ich suche. Sie verordnen eine Mixtur durch Verdünnung. Halb nehm' ichs mit Dank an.

[B.] Lieber, Sie sind kein Chemist, sonst würden Sie wissen, daß durch ächte Mischung ein *Drittes* entsteht, was beydes zugleich, und mehr, als Beydes einzeln ist.

4.

[A.] Sie haben doch Recht gehabt. Unsre Unterhaltung hat mich auf ein interessantes Resultat geführt.

[B.] Nun ist die Reihe des Belehrtwerdens an mir. Ein Wechsel, der allein ächten Umgang gewährt.

[A.] Sie haben mir einen Weg durch die Zweifel über den Werth der Lust gebahnt. Ich begreife nun daß unsre ursprüngliche Existenz, wenn ich mich so ausdrücken darf, Lust ist. Die Zeit entsteht mit der Unlust, daher alle Unlust so lang und alle Lust so kurz. Absolute Lust ist *ewig*, außer aller Zeit; relative Lust mehr oder weniger Ein ungetheilter Moment.

[B.] Sie begeistern mich, nur wenig Schritte noch, und wir stehn auf der Höhe der innern Welt.

[A.] Ich weiß, welche Schritte Sie meynen. Unlust ist, wie die Zeit endlich. Alles Endliche entsteht aus Unlust. So unser Leben.

[B.] Ich löse Sie ab, und fahre fort. Das Endliche ist endlich. Was bleibt? Absolute Lust, Ewigkeit, unbedingtes Leben. Und was haben wir in der Zeit zu thun, deren Zweck Selbstbewußtseyn der Unendlichkeit ist? Vorausgesetzt, daß sie einen Zweck hat: denn man könnte wohl fragen, ob nicht Zwecklosigkeit gerade die Illusion karakterisirt?

[A.] Auch das; indeß was sollen wir zu bewirken suchen? Verwandlung der Unlust in Lust und mit ihr der Zeit in Ewigkeit, durch eigenmächtige Absonderung und Erhebung des Geistes, d[es] Bewußtseyns der Illusion als solcher. Ja, Lieber, und hier an den Säulen des Herkules lassen Sie uns einander umarmen, im Genuß der Ueberzeugung, daß es bey uns steht, das Leben wie eine schöne genialische Täuschung, wie ein herrliches Schauspiel zu betrachten, daß wir schon hier im Geist in absoluter Lust und Ewigkeit seyn können, und daß gerade die alte Klage, daß alles vergänglich sey, der Fröhlichste aller Gedanken werden kann und soll.

[B.] Diese Ansicht des Lebens, als zeitliche Illusion, als Drama, möge uns zur andern Natur werden. Wie schnell werden dann trübe Stunden vorüber fliegen, und wie reitzend wird uns nicht so die Vergänglichkeit vo[r]kommen.

5.

A. Lieber Freund, schaffen Sie mir doch einen deutlichen, proberechten Begriff von den Fürsten. Ich grüble nun schon lange, aber die verzweifelten Fürsten stehn mir nicht. Sie verschwinden unter dem Focus meiner Aufmerksamkeit. Sie müssen nicht feuer- und lichtbeständig seyn. Ist ein Begrif vom Fürsten etwa ein Rahmen um ein Bild der Ägyptischen Finsterniß?
B. Ein glücklicher Genius hat Sie gerade zu mir geführt. Ein günstiger Zufall hat mich dieses große Geheimniß gelehrt, das sich freylich, wie jedes Geheimniß, paradox genug hören läßt:

Fürsten sind Nullen, sie gelten an sich nichts, aber
             mit Zahlen,
Die sie beliebig erhöhn, neben sich gelten sie viel.

A. Am Ende, Lieber, was sollen alle diese Hypothesen? Eine einzige wahrhaft beobachtete Thatsache ist doch mehr werth, als die glänzendste Hypothese. Das Hypothesiren ist eine gefährliche Spielerey. Es wird am Ende leidenschaftlicher Hang zur Unwahrheit, und vielleicht hat nichts den besten Köpfen und den Wissenschaften mehr geschadet, als diese Renommisterey des phantastischen Verstandes. Diese scientifische Unzucht stumpft den Sinn für Wahrheit gänzlich ab, und entwöhnt von strenger Beobachtung, welche doch allein die Basis aller Erweiterung und Entdeckung ist.

B. Hypothesen sind Netze, nur der wird fangen, der auswirft;
Ist nicht Amerika selbst durch Hypothese gefunden?
Hoch und vor allen lebe die Hypothese, nur sie bleibt Ewig neu, so oft sie schon sich selber besiegte.

Und nun in Prosa die Nutzanwendung. Der Skeptiker, mein Freund, hat so wenig, wie der gemeine Empirismus, das Mindeste zur Erweiterung der Wissenschaft gethan. Der Skeptiker verleidet höchstens den Hypothetikern den Ort, wo sie stehn, macht ihnen den Boden schwanken; eine sonderbare Art, Fortschritte zu Stande zu bringen: wenigstens ein sehr indirectes Verdienst. Der ächte Hypothetiker ist kein andrer, als der Erfinder, dem vor seiner Erfindung oft schon dunkel das entdeckte Land vor Augen schwebt, der mit dem dunkeln Bilde über der Beobachtung, dem Versuche schwebt, und nur durch freie Vergleichung, durch mannichfache Berührung und Reibung seiner Ideen mit der Erfahrung, endlich die Idee trifft, die sich negativ zur positiven Erfahrung verhält, daß beyde dann auf immer zusammenhängen, und ein neues und himmlisches Licht die zur Welt gekommene Kraft umstrahlt.

6.

A. Höre du, es ist einmal Mode, von der Natur ein vernünftig Wort zu reden – wir müssen auch unsern Beytrag liefern. Nun – was wirds – fange doch an mir zu antworten.

B. Ich besinne mich schon lange auf einen recht natürlichen Anfang unsers Gesprächs – ich presse meinen natürlichen Verstand, aber der ist vertrocknet, und hat nicht ein bischen Saft mehr.

A. Wer weiß welcher Gelehrte ihn ohne dein Wissen als ein herrliches Exemplar zwischen die Blätter seines Herbariums gepreßt hat.

B. Ich bin doch neugierig unter welche Klasse er ihn gebracht hat.

A. Vermuthlich unter die Klasse der Kryptogamisten, denn von Blüthen und Früchten ist keine Spur wahrzunehmen.

B. Weißt du wohl, daß die Natur uns schon begeistert, wir sind da unvermerckt in die Natur hineingerathen. Du gehörst zu den Realisten, oder auf deutsch – du bist ein grober Kerl.

A. Du hast ein wahres Wort gesprochen – ein Wort der Weihe über mich. Ich habe große Anlagen ein Priester der Natur zu werden.

B. Meynst du weil wir dich einen Bauchpfaffen nennen und die Natur eigentlich nichts als ein großer Bauch ist.

A. Auch wahr – aber die wahre Anlage besteht in der Grobheit. Denn sieh die Natur ist ganz ungeheuer grob – und wer sie recht kennen lernen will, der muß sie grob anfassen – Auf einen groben Klotz – Gehört ein grober Keil. Dies Sprüchwort ist für die Naturlehre gemacht, denn sie soll ja hier durch den Verstand gespalten werden. Da müssen unsre Vorfahren rechte Meisterkenner der Natur gewesen seyn, denn nur in Deutschland ist die eigentliche Grobheit entdeckt und cultivirt worden.

B. Sie paßte recht für unsern Boden – drum sieht es auch jezt recht kahl bey uns aus, da man diese Nationalpflanze vernachlässigt und recht heillos mit diesem Reichthum umgegangen ist. Nur beym gemeinen Mann gedeiht sie noch und darum ist auch dem die Natur noch grün. Den Vornehmen hat sie längst den Rücken gekehrt und wird ewig den feinen Leuten bereitwillig genug zeigen, wo sie sizt.

A. Die Definition der Natur hab ich nun als Resultat unsers Gesprächs – Sie ist der Inbegriff aller Grobheit.

B. Daraus lassen sich alle Naturgesetze ableiten – daß sie unaufhörlich grob ist, ohne abzusetzen und immer gröber wird – und keine Grobheit die Gröbste ist, lex continuitatis.

A. Daß sie gern gerade zu geht und nicht viel Umstände macht. lex Parsimoniae.

B. Ja und noch eine Menge unbekannter Gesetze entwickeln sich aus diesem fruchtbaren Begriffe. Aber eben weil wir Philosophen sind, brauchen wir uns um die Ausführung nicht zu bekümmern. Wir haben das Princip und damit gut – den gemeinen Köpfen bleibt jene überlassen.

A. Aber sage mir nur woher kömmts, daß die Natur

so verzweifelt selten ist. Die Kunst ist eigentlich das Gewöhnliche.

B. Ja selten muß sie seyn, denn da sie sich verständlich genug macht und gern mit ihrer Natur herausplatzt, so müßte sie weit mehr verstanden seyn.

A. Wer von so übertriebener Künstlichkeit der Kunst besessen ist, der hält eben ihre Grobheit für Kunst, und so wird sie freilich überall mißverstanden.

B. Man wird wahrlich auch zur Natur geboren – und wer recht viel Natur in sich hat – dem ist alles so natürlich; und was ist davon zu sprechen. Wer davon spricht, der ist ein Stümper ohne Kraft und Saft, denn wovon man spricht, das hat man nicht; das ist ein Axiom.

A. Drum laß uns auch aufhören, davon zu reden, denn sonst geht unsere Natur durch die Lappen.

B. Du hast Recht, da hätt' uns bald die Mode einen Streich gespielt – und uns hinterlistig aus unsrer Natur vertrieben. Laß uns auf den Keller gehn – dort ist die Natur zu Hause, daß wir wieder recht natürlich werden.

A. Nur hüte dich dort vom Weine zu reden – denn wovon man spricht, das hat man nicht.

B. Wahr, darum sprichst du auch immer vom Verstande –

A. Wenn du von kurzen Ohren sprichst.

MONOLOG

Es ist eigentlich um das Sprechen und Schreiben eine närrische Sache; das rechte Gespräch ist ein bloßes Wortspiel. Der lächerliche Irrthum ist nur zu bewundern, daß die Leute meinen – sie sprächen um der Dinge willen. Gerade das Eigenthümliche der Sprache, daß sie sich blos um sich selbst bekümmert, weiß keiner. Darum ist sie ein so wunderbares und fruchtbares Geheimniß, – daß wenn einer blos spricht, um zu sprechen, er gerade die herrlichsten, originellsten Wahrheiten ausspricht. Will er aber von etwas Bestimmten sprechen, so läßt ihn die launige Sprache das lächerlichste und verkehrteste Zeug sagen. Daraus entsteht auch der Haß, den so manche ernsthafte Leute gegen die Sprache haben. Sie merken ihren Muthwillen, merken aber nicht, daß das verächtliche Schwatzen die unendlich ernsthafte Seite der Sprache ist. Wenn man den Leuten nur begreiflich machen könnte, daß es mit der Sprache wie mit den mathematischen Formeln sei – Sie machen eine Welt für sich aus – Sie spielen nur mit sich selbst, drücken nichts als ihre wunderbare Natur aus, und eben darum sind sie so ausdrucksvoll – eben darum spiegelt sich in ihnen das seltsame Verhältnißspiel der Dinge. Nur durch ihre Freiheit sind sie Glieder der Natur und nur in ihren freien Bewegungen äußert sich die Weltseele und macht sie zu einem zarten Maßstaab und Grundriß der Dinge. So ist es auch mit der Sprache – wer ein feines Gefühl ihrer Applicatur, ihres Takts, ihres musikalischen Geistes hat, wer in sich das zarte Wirken ihrer innern Natur vernimmt, und danach seine Zunge oder seine Hand bewegt, der wird ein Prophet sein, dagegen wer es wohl weiß, aber nicht Ohr und Sinn genug für sie hat, Wahrheiten wie diese schreiben, aber von der Sprache selbst zum Besten gehalten und von den Menschen, wie Cassandra von den Trojanern, verspottet werden wird. Wenn ich damit das Wesen und Amt der Poesie auf das deutlichste angegeben zu haben glaube, so weiß ich doch, daß es kein Mensch verstehn kann, und ich ganz was albernes gesagt habe, weil ich es habe sagen wollen, und so keine Poesie zu Stande kommt. Wie, wenn ich aber reden müßte? und dieser Sprachtrieb zu sprechen das Kennzeichen der Eingebung der Sprache, der Wirksamkeit der Sprache in mir wäre? und mein Wille nur auch alles wollte, was ich müßte, so könnte dies ja am Ende ohne mein Wissen und Glauben Poesie sein und ein Geheimniß der Sprache verständlich machen? und so wär' ich ein berufener Schriftsteller, denn ein Schriftsteller ist wohl nur ein Sprachbegeisterter? —

JOCHEN HÖRISCH
POETISCHES NEULAND

Anmerkungen zu Novalis

Für Ernst Behler

An einem Abend im Mai 1795 kam es in Jena zu einer denkwürdigen Begegnung. Der Philosophie-Dozent, Publizist und Zeitschriftenherausgeber Niethammer hatte einen berühmten Geist und zwei damals gänzlich unbekannte junge Studenten zu Gast: Fichte, Hölderlin und Novalis. Die Themen des Gesprächs hat der Gastgeber nur mit äußerster Knappheit in seinem Tagebuch verzeichnet: »Viel über Religion gesprochen und über Offenbarung und daß für die Philosophie noch viele Fragen offen bleiben.«

Diese Notiz ist vage genug. Soviel aber ist immerhin eindeutig: einig war sich die Runde offenbar darüber, daß Religion und die Erfahrung des ganz Anderen überhaupt kein Thema sein darf und soll, das aus philosophisch begründeter Rede herausfällt. Eben dies schien hingegen die Schlußfolgerung zu sein, die der übermächtige zeitgenössische Philosoph, die Immanuel Kant geradezu verbindlich hatte machen wollen. In seiner ein Jahr zuvor erschienenen Schrift *Die Religion innerhalb der Grenzen der blossen Vernunft* war schon der Titel die These und die These bereits aus der *Kritik der unreinen Vernunft* vertraut: hier wie dort kritisiert Kant eine »spekulative Vernunft und ihre Anmaßung überschwenglicher Einsichten«. Überschwenglich und also unvernünftig aber wird eine Vernunft, die ihre genuinen Begrenzungen überschreitet und noch darüber reden zu können glaubt, worüber man vernünftig eben nicht reden kann, weil »der Gegenstand möglicher Erfahrung« fehlt: etwa über Gott und Unsterblichkeit.

Nach Kant ist die Philosophie geradezu verpflichtet, ihre Aussagen zu etikettieren. Und nur die Aussagen, die das Etikett ›innerhalb der Grenzen reiner Vernunft gedacht und formuliert‹ tragen, dürfen eigentlich philosophisch und wissenschaftlich heißen. Viel ist es nicht, was innerhalb dieser Grenzen zu sagen übrigbleibt. Kant hat deshalb die Möglichkeit der buchstäblich vernunftentbundenen Rede immerhin offengelassen – um den Preis ihrer deutlichen Deklassierung. »Ich mußte«, so seine schnell berühmt gewordene Wendung, »das Wissen aufheben, um zum Glauben Platz zu bekommen.« Was bei Kant als diskursive Hierarchisierung und Etikettierungspflicht – nach dem Muster: ›dies ist ein Satz des Wissens oder des Glaubens, jener einer der überschwenglichen Spekulation oder des Affekts‹ – begann, endete in den diskursiven Verboten der analytischen Philosophie: »Wovon man nicht sprechen kann, darüber muß man schweigen.«

Die da in Jena an einem Maiabend vor bald 200 Jahren zusammensaßen, haben dennoch philosophisch überschwenglich über Religion und Offenbarung gesprochen und sich also offenbar nicht an die Kantischen Einschränkungen binden lassen. Fromme Schwärmer, religiöse Eiferer und anti-intellektuelle Irrationalisten aber sind sie gewiß nicht gewesen. Wegen des gegen ihn erhobenen Vorwurfs, atheistisches Denken zu propagieren, mußte Fichte bald seinen Lehrstuhl verlassen. Wegen seiner affektgeladenen Weigerung, Pfarrer zu werden, opferte Hölderlin Karriere und Familienfrieden. Und nicht nur wegen seines Projektes, zusammen mit Friedrich Schlegel eine neue, eine »szientifische Bibel« zu schreiben, galt Novalis im pietistisch geprägten Verwandtenkreis als ein Häretiker. Bei aller Distanz zu kirchlicher und kindlicher Frömmigkeit aber ist ihnen eine Erfahrung gemeinsam, die Walter Benjamin, der frenetische Novalis- und Hölderlin-Studien betrieb, einmal in ein tiefes Bild gebannt hat: »Mein Denken verhält sich zur Theologie wie das Löschblatt zur Tinte. Es ist ganz von ihr vollgesogen. Ginge es aber nach dem Löschblatt, so würde nichts(,) was geschrieben ist, übrig bleiben.«

Als ein solches Löschblatt sind die *Geistlichen Lieder*, die *Hymnen an die Nacht* und *Die Lehrlinge zu Sais* zu lesen. Sie sind zwischen 1797 und 1800 und also zu einer Zeit entstanden, in der Friedrich von Hardenberg unter dem Dichternamen Novalis zu publizieren begann – Novalis, der Neuland Bestellende. Erstmals veröffentlicht wurden die Hymnen in der führenden Zeitschrift der Frühromantiker, im *Athenäum* von 1800. Die Veröffentlichung der *Geistlichen Lieder*, von denen einige auch in Kirchengesangbücher eingegangen sind, hat Novalis in seinem kurzen Leben (1772-1801) ebensowenig erlebt wie die von legendenhaften Zügen umwobene Rezeptionsgeschichte gerade dieser seiner lyrischen Texte. Sicherlich hat die Liebe zur kindlichen und trostlos früh gestorbenen Braut Sophie von Kühn einige der Texte inspiriert. Aufmerksamkeit aber verdienen sie weniger wegen der biographischen Umstände ihrer Entstehung, als vielmehr deshalb, weil sie dem Kunstnamen ihres Verfassers alle Ehre machen.

Mit seiner Lyrik und seiner Prosa hat Novalis in einer Zeit, die auf die Ordnungsprinzipien des Diskurses hielt, neue Möglichkeiten des Sprechens überhaupt erschlossen. Novalis nämlich unterläuft souverän die Diskursgrenzen, die Kant akribisch zog und verbindlich machen wollte. Die *Hymnen an die Nacht* vernetzen Reden miteinander, die sonst kaum je zusammenzufinden waren. »Die sich kreutzenden Stimmen« – um eine schöne Wendung aus den *Lehrlingen zu Sais* aufzunehmen, die gleichermaßen verschiedene Textgattungen ineinander verwirren – lassen sich u. a. auf philosophische, religiöse, historische, naturwissenschaftliche, ökonomische und poetische Ursprünge zurückführen und vereinen sich doch in dem einem Wissen: daß es reine Vernunft nicht gibt und nicht geben kann.

Chaotisieren, verwirren, anarchisieren – das waren Begriffe und Praktiken, die die Frühromantiker durchaus positiv verwandten. Dem liegt die Einsicht zugrunde, daß noch die rein scheinende Vernunft einen durchaus reinen Ursprung hat und daß Reinheit nur um den Preis konsequenzreicher Vergewaltigungen der verwirrend schönen Mannigfaltigkeit des Seins zu haben ist. In deutlicher Gegenführung zu Kant und Fichte hat Schelling von den »Odysseen des Geistes« gesprochen, die allen transzendentalen Reinigungsbemühungen spotten. Daß auch die Vernunft einen naturhistorischen und also unreinen Ursprung hat, dem sie noch dann verhaftet ist, wenn sie ihm entsprungen zu sein scheint – darin stimmten Schelling und Novalis überein.

In den *Lehrlingen zu Sais* wird diese grundsätzliche Einsicht vielfach variiert. Dabei mißt Novalis formal wie argumentativ Extreme aus. Zwischen Märchen und Abhandlung kommen alte und »neue Art(en) von Wahrnehmungen« der Natur zur Sprache. Strittig ist und bleibt in diesem geradezu experimentellen Text, ob Natur eine »listige Fallgrube des menschlichen Verstandes« ist und an ihm sich dafür rächt, daß der Mensch sich als »Herr der Welt« geriert, oder ob ökologische Alternativen zum »langsamen, wohldurchdachten Zerstörungskrieg mit dieser Natur« denkbar sind. Ein Text von geradezu bestürzender Aktualität, der zu denken nahelegt, was heute noch selbst unter ökologischen Vorzeichen zumeist unbedacht bleibt: ob die »Natur, dieses einzige Ganze, womit der Mensch sich vergleichen kann, nicht so gut wie der Mensch in einer Geschichte begriffen seyn oder welches eins ist, einen Geist haben sollte«.

Mit dieser Konzeption von Naturgeschichte hat Novalis entschiedener noch als Schelling Verstand, Vernunft und Subjektivität als – gleichsam hypertroph gewordene – Epiphänomene gedacht. Mit dem fortgeschrittensten Produktionsstand der zeitgenössischen Vernunft, ja mit der geistigen, aber eben nicht nur mit der geistigen Situation seiner Zeit überhaupt war Novalis bestens vertraut. Ihn als empfindsamen Träumer vorzustellen wäre eine groteske Verkennung. Der Begriff ›Intellektueller‹ ist erst hundert Jahre später im Zusammenhang mit der Dreyfus-Affaire entstanden. Dennoch ist es nicht unangemessen, Novalis als Intellektuellen avant la lettre zu charakterisieren. Er hat, wenn auch lustlos, Jura studiert und kannte sich in Politik und Staatsrecht aus. Er war Hörer Fichtes und ein gründlicher Kenner der zeitgenössischen Philosophie, aber auch vergessener vor- und anticartesianischer Traditionen des Denkens. Mit den Literaten und Zeitschriftenherausgebern seiner Zeit hielt er engsten Kontakt. Und autodidaktisch hat er sich stupende Kenntnisse der Medizin und Psychologie angeeignet. Eines aber wird auch von Novalis-Kennern und -Verehrern gerne übersehen: der Romantiker war, um es neudeutsch zu sagen, ein karrierebewußter Jungmanager in einer der damals fortschrittlichsten Branchen: dem Bergbau. Mit ökonomischer wie technischer Theorie und Praxis hatte der Salinenassessor alltäglich zu tun.

Diese ungewöhnliche Fülle an Kenntnissen und unterschiedlichsten Wissensformen ermöglichte Novalis fremde und befremdliche Blicke auf die eigene Kultur. Er hat nicht bloß in seinen irritierenden Theorie-Fragmenten, sondern auch in seinen dichterischen Werken die Kunst gepflegt, das Selbstverständnis einzelner Reden in ein eigentümliches Licht zu stellen und etwas über Religion politisch, über Philosophie psychologisch und über Ökonomie poetisch zu handeln. Das gilt auch für seine Lyrik, die doch so sehr der Kunst des Einfachen verpflichtet zu sein scheint. Die *Hymnen an die Nacht* lassen nicht bloß Prosa und Verse ineinander spielen (so jedenfalls in der Druckfassung des *Athenäums*, die Handschrift versifiziert durchweg, wenn auch zumeist reimlos) – die Hymnen bringen auch Theorie und Dichtung in ein eigentümliches Verhältnis des Ineinanderverwobenseins. Ist das nicht der Buchstabensinn von ›Text‹ – Verwebung und Verknüpfung? Die

Lyrik des Novalis läßt Philosophie narrativ, Erzählungen philosophisch und Prosaisches lyrisch werden.

Von nichts Geringerem aber erzählen, lyrisch philosophierend, die *Hymnen an die Nacht*, als von historisch-elementaren Formen der Welt- und Daseinsauslegung überhaupt. Die erste Hymne stellt – wie wenig später Hölderlins Elegie *Brot und Wein* – ein Lob des lichten Tages dem Preis der Nacht gegenüber. Und sie macht dabei auf das schöne Paradox aufmerksam, daß wir am Tag weniger weit sehen als in der geheimnisvollen Nacht, in der Sterne von anderem als dem in jeder Weise Naheliegenden künden. Der Königin der Nacht – ob Novalis auch der *Zauberflöte* huldigen wollte? – oder der »lieblichen Sonne der Nacht« sind all die panerotischen Erfahrungen einer Vereinigung mit dem (ganz) Anderen zu danken, die intensives, festliches und freudiges Dasein erst ermöglichen. Eine ebenso bewußte wie kühne, pietistische Metaphorik aufnehmende und doch sprengende Erotisierung theologischer und Theologisierung erotischer Erfahrungen, die von der knappen zweiten Hymne noch einmal ganz ausdrücklich beglaubigt wird: den »Schlüssel zu den Wohnungen der Seligen« hat der allein, dem ein »Schoß zum Himmel« wird.

Die Erfahrung entgrenzender überschwenglicher Vernunft – die aber insofern vernünftiger ist als die reine, als sie sich ihres Ursprungs erinnert – schildert die dritte Hymne. Sie berichtet von einem Initiationsgeschehen, das »das Band der Geburt« zerreißt und das ohne die Arbeit der »Wehmut« und Trauer nicht zu haben ist. »Entbunden und neugeboren« erfährt sich aber einzig der Geist, der begreift, daß die andere Erfahrung ohne die Erfahrung des anderen, ohne Seelenführer(in!) oder – um es modern und psychoanalytisch auszudrücken – ohne Übertragung nicht statthaben kann. »Die Geliebte« als Seelenführerin führt – so feiert es die vierte Hymne, aus der Wagner im zweiten *Tristan*-Aufzug direkt zitiert – auf das »Grenzgebürge der Welt«. Von dort aus ist beides erfahrbar: der Tag mit seinen klaren und distinkten Differenzen ebenso wie die Nacht mit ihrem Versprechen einer Auflösung eben dieser Differenzen; die »Arbeit«, die durchaus auch die Arbeit des Begriffs ist, ebenso wie die »Wollust« der »Entzückungen«, die insofern nach dem Bild des Todes gestaltet sind, als dieser die Grundfigur von Auflösung überhaupt ist. Dieses Grenzgebirge – und also nicht etwa bloß das Jenseits der Vernunft und des Realitätsprinzips – ist der Ort, der topos noetos, an dem die Dichtung des Novalis ersteht.

Auf diesem Grenzgebirge steht – so will es das Schlußbild dieser Hymne, die zur zentralen fünften überleitet – »unverwüstlich das Kreutz«. Das christliche Sinnbild schlechthin wird im großen geschichtsphilosophischen Entwurf der fünften Hymne eigentümlich gedeutet. In deutlichen Anspielungen auf Schillers epochales Gedicht *Die Götter Griechenlands* entwirft Novalis anfangs ein Bild hellenischer Daseinslust, die den vielen menschennahen Göttern und vor allem Dionysos, dem »Gott in den Trauben«, zu danken ist. Gebrochen aber wird das »bunte Fest« des Lebens durch »ein entsetzliches Traumbild, das furchtbar zu den frohen Tischen trat« und die mit Stummheit, Trauer und dumpfer Sprachlosigkeit schlägt, die sonst auf der »Woge des Genusses« lebten. Der Tod fällt dem schönen Schein griechischer Daseinslust ins Wort. Als »ernstes Zeichen einer fremden Macht« unterbricht und beendet der Tod eine festliche Rede und Lebenskunst, deren symbolische Ordnung keinen Platz für ihn reserviert.

Eben dies aber ist die eigentümliche Leistung Christi: er läßt den Tod nicht länger das schlechthin Fremde sein, weil er ihn zu sprechen und zu deuten versteht. Novalis stilisiert Christus als Poeten, als flanierenden Deuter noch dessen, wovor die, die vor ihm waren, nur verstummten. Geboren ist der Gottes- und Menschensohn deshalb auch »in der Armuth dichterischer Hütte«. Daß er ein außerordentlicher Poet ist, zeigen auch die Figuren an, die ihn zuerst beglaubigen: der Sänger (Johannes), der »unter Hellas heiterm Himmel geboren« wurde und nun »nach Palästina« zieht, und »des Morgenlands ahnende Weisheit«, die in Gestalt der heiligen drei Könige gleichermaßen dem »Wunderkinde« huldigt. In Christus als dem typos der Poesie kreuzen sich hellenische Lust am »köstlichen Leben«, jüdischer Messianismus und morgenländische Weisheit. Dichtung, die solchermaßen Unterschiedlichstes in den Text verwebt, der sie ist, versteht noch darüber zu reden, worüber andere (etwa wissenschaftliche und dogmatische) Diskurse nur schweigen können.

Die sechste und letzte Hymne macht von der Lizenz einer solchen alles sagenden, paradox Wonne klagenden Rede nach Kräften Gebrauch. In irritierenden Wendungen identifiziert sie geradewegs »Jesus, den Geliebten«, mit der »süßen Braut«, die den Namen der Weisheit selbst trug: Sophie. Ihnen am Ort des Todes zu begegnen ist nur möglich, wenn dieser so mit dem des Lebens vertauscht wurde, wie – weitere Umkehrfiguren dieser Hymne – die Heimat mit der Fremde und die Vorzeit mit der Zukunft. Die Dichtung des Novalis nimmt am Bestand tradierter Deutungen Umschriften abenteuerlichen Ausmaßes vor. Im Vergleich zu diesen Umschriften nehmen sich die *Geistlichen Lieder* konventioneller aus. Doch auch sie machen es denen, die sie mit gleichschwebender Aufmerksamkeit lesen und singen, nicht leicht. Denn auch sie begreifen durchweg den Tod als semantische Produktivkraft: »Ueberall entspringt aus Grüften / Neues Leben, neues Blut.«

Daß Bedeutsamkeit auf Tod, Zeit und Endlichkeit unabdingbar bezogen ist, denkt zumal das siebte Lied am Paradigma des Abendmahls. Die Zeilen schreiben bezeichnenderweise keinen der vier eigentlichen Abendmahlberichte des Neuen Testaments um, sondern eben den Text des Johannes-Evangeliums (Kap. 6), der ausdrücklich die theophage, die Gott in jedem Sinne verzehrende Valenz des Abendmahls betont. Auch Novalis »preist die Nahrung / Von Leib und Blut« und denkt den Verzehr, den Entzug Gottes von seinem jenseitigen Ort als Vollzug von Bedeutung. »Hätten die Nüchternen / Einmal gekostet / Alles verließen sie.« Auch die Zeilen des Frühromantikers verlassen alle konventionellen Orte des Denkens und Dichtens. Denn das Abendmahl-Lied kann als Initiation in das befremdliche Abendmahl verstanden werden, von dem im neunten Kapitel des *Ofterdingen*-Romans Klingsohrs

Märchen von Eros und Fabel berichtet. Dort steht kein Gottessohn, sondern eine durchaus weltliche Mutter im Zentrum des Kultus, der sie durch ihren Tod allgegenwärtig sein läßt: eine matrilineare Umschrift des eucharistischen Ver*söhn*ungsgeschehens.

Obsessive Züge in der Todes-Dichtung des Novalis sind unübersehbar. Unübersehbar ist hingegen auch – trotz der Bemühungen vieler Interpreten, die Dichtung des Novalis zu verharmlosen – das Ideal des Problems, dem sie nachdenkt: ob noch Lieder zu singen und Reden möglich sind jenseits der Grenzen reiner Vernunft. Die *Dialogen* und der *Monolog* – bis heute vernachlässigte Texte der Novalis-Forschung – demonstrieren auf eleganteste und charmanteste Weise, daß und wie sich jenseits und diesseits der reinen Vernunft vernünftiger reden läßt als innerhalb ihrer Grenzen selbst. Eine Vernunft, die so, wie es schon der Kantische Titel verspricht, über sich selbst rein zu Gericht sitzt, wird nämlich wie ein Richter, der sich selbst richten soll, zu dem Befund neigen, daß sie recht habe: ein durchaus ungerechtes Verfahren. Novalis aber erlaubt und provoziert geradezu unreine Zwischenreden. Seine kleinen szenischen Texte bringen zusammen und durcheinander, was ansonsten systematisch geschieden ist.

So befragen seine *Dialogen* angesichts der Überproduktion des Vernunftartikels ›Buch‹ unter geradewegs systemtheoretischen Gesichtspunkten Probleme der *Komplexitätsreduktion* – wie soll ein noch so kritischer und universaler Kopf mit der ungeheuren »Last Buchstaben« und der »Bücherseuche« fertig werden? Er kann »Omarist« und also Anhänger des Kalifen Omar werden, dem die Einnahme der gewaltigen Bibliothek von Alexandria gemeldet und die Frage unterbreitet wurde, was nun mit den zahllosen Büchern zu geschehen habe. Sie seien, so die bündige Antwort, zu vernichten. Denn entweder stimmten sie mit dem Koran überein – dann seien sie überflüssig. Oder sie stimmten mit dem Koran nicht überein – dann seien sie sogar schädlich. Dagegen hält Novalis modernere Möglichkeiten der Komplexitätsreduktion – z. B. den »Meßkatalog«, der mit bloßen Titeln zu jonglieren erlaubt, oder neue hermeneutische Formen der Lektüre, wonach man sich auf globale Vorverständnisse verläßt: »Man hat oft nicht 2 Seiten dem Autor zugehört, so weiß man schon, wen man vor sich hat.«

Nach diesem karikierenden und doch recht angemessen charakterisierendem Muster sind auch die Texte des Novalis häufig genug gelesen bzw. überlesen worden. Übersehen wurde dabei, daß Novalis nicht länger einem Denkduktus verpflichtet ist, der ständig auf der Suche nach allumfassenden Integralen ist. Die *Dialogen* versuchen – und der Versuch gelingt überraschend – ein Denken von Vielheiten und ein vielfaches Denken. Scheuen sie doch selbst davor nicht zurück, den in deutscher geisteswissenschaftlicher Tradition so sakrosankten Begriff des einen Geistes zu pluralisieren: »Mein Geist soll sich in Hundert und Millionen Geister verwandeln.« Es lohnt sich, die Texte des Novalis nicht so reduktionistisch zu lesen, wie neuere »Omaristen« es gerne hätten. Zu lesen sind seine romantischen Schriften mit hellwacher Aufmerksamkeit. Denn sie bergen ein Versprechen, das sie – in den *Dialogen* deutlicher noch als in allen anderen Texten – auch einlösen: zu erhellen, daß alles ganz anders sein kann, als es sich der Vernunft und dem Alltagsverstand präsentiert. Novalis hat in der Tat Neuland bestellt.

Zu dieser Ausgabe

Dieser Ausgabe liegen die folgenden Erstdrucke zugrunde:

Hymnen an die Nacht, in: Novalis Schriften. Kritische Neuausgabe auf Grund des handschriftlichen Nachlasses, hg. von Ernst Heilborn, 2 Teile in 3 Bänden, Band 1, Berlin 1901.

Geistliche Lieder

I-VII in: Musen-Almanach für das Jahr 1802, hg. von August Wilhelm Schlegel und Ludwig Tieck, Tübingen (Cotta) 1802. VIII-XV in: Novalis Schriften, hg. von Friedrich Schlegel und Ludwig Tieck, Band 2, 1. Aufl., Berlin 1802

Vermischte Gedichte

Vergiß mein nicht!, in: Novalis Schriften. Im Verein mit Richard Samuel hg. von Paul Kluckhohn. Nach den Handschriften ergänzte und neugeordnete Ausgabe, 4 Bände, Band 1, Leipzig 1929, S. 335.

Bey der Wiederkunft einer geliebten Freundin gesungen, in: ebd.

Walzer, in: Novalis Schriften, hg. von Heilborn, Band 1, S. 371.

An Adolph Selmniz, in: Novalis Schriften, hg. von Schlegel/Tieck, Band 2, 1. Aufl., S. 114.

Anfang, in: Novalis-Reliquien. Mitgeteilt von Ernst Heilborn, Deutsche Rundschau Band 37 (1911), S. 283.

Am Sonnabend Abend, in: ebd., S. 274.

An Caroline, in: ebd., S. 271.

M. und S., in: Phöbus. Ein Journal für die Kunst, hg. von Heinrich von Kleist und Adam H. Müller. Erster Jahrgang, viertes und fünftes Stück, April/Mai 1808, S. 44

Zu Sophiens Geburtstag, in: Novalis-Reliquien, a.a.O., S. 280.

Lied beym Punsch, in: Novalis Schriften, hg. von Ludwig Tieck und Eduard von Bülow. Dritter Theil, Berlin 1846, S. 98.

Antwort an Carolinen, in: Novalis-Reliquien, a.a.O., S. 279.

Im Grüninger Kirchenbuch, in: Novalis Schriften, hg. von Paul Kluckhohn, Band 1, S. 345. Der Erstdruck in: von Hagke, Urkundliche Nachrichten über die Städte, Dörfer und Güter des Kreises Weißensee, Weißensee 1867, konnte für die vorliegende Ausgabe nicht verglichen werden.

Gedicht zum 29sten April, in: Novalis-Reliquien, a.a.O., S. 288.

Der Fremdling, in: Novalis Schriften, hg. von Schlegel/Tieck, Band 2, 4. Aufl., Berlin 1826.

Blumen, in: Jahrbuch der Preußischen Monarchie unter der Regierung von Friedrich Wilhelm III hg. von F. E. Rambach, Bd. 2 (Juni) 1798, S. 184.

Distichen 1-4 und 7-8 folgen der historisch-kritischen Novalis-Ausgabe von Paul Kluckhohn und Richard Samuel, Band 1, Stuttgart ³1977, S. 402. 5 und 6 geben den Erstdruck in Novalis Schriften hg. von Schlegel/Tieck, Band 2, 1. Aufl. wieder und sind dem Text *Dialogen* entnommen.

Kenne dich selbst, in: Morgenblatt für gebildete Stände, 30. 3. 1811, Nr. 77, S. 305.

Letzte Liebe, in: Novalis Schriften, hg. von Tieck-Bülow. Dritter Theil, S. 106.

An die Fundgrube Auguste, in: ebd., S. 111.

Der müde Fremdling ist verschwunden, in: Novalis Schriften, hg. von Jakob Minor, 4 Bände, Band 1, Jena 1907, S. 256.

Fragment, in: Novalis Schriften, hg. von Tieck/Bülow. Dritter Theil, S. 108.

Erstes, seliges Pfand, in: Novalis Schriften, hg. von Paul Kluckhohn, Band 1, S. 328.

Zur Weinlese, in: Phöbus, a.a.O., Neuntes und Zehntes Stück, Oktober 1808, S. 13.

Das Gedicht, in: Novalis Schriften, hg. von Tieck/Bülow. Dritter Theil, S. 107.

An Tieck, in: Musen-Almanach für das Jahr 1802, a.a.O., S. 35.

Es färbte sich die Wiese grün, in: Novalis Schriften, hg. von Schlegel/Tieck, Band 2, S. 116.

Der Himmel war umzogen, in: ebd., S. 119.

An Dorothee in: Phöbus, a.a.O., Erstes Stück, Januar 1808, S. 40.

An Julien, in: Novalis Schriften, hg. von Tieck/Bülow. Dritter Theil, S. 105.

Ich will nicht klagen mehr: Textwiedergabe nach Bd. 4 der historisch-kritischen Ausgabe.

Alle Menschen seh ich leben, in: Novalis Schriften, hg. von Schlegel/Tieck, Band 2, 1. Aufl., S. 115.

An Karl von Hardenberg, in: ebd., S. 113.

Die Lehrlinge zu Sais, in: Novalis Schriften, hg. von Schlegel/Tieck, Band 2, 1. Aufl., S. 159-246.

Dialogen, 1-5 in: ebd., S. 408-430. 6 in: Novalis Schriften, hg. von Tieck/Bülow. Dritter Theil, S. 117-120.

Monolog, in: ebd., S. 120-122.

Umschlagabbildung: Portrait von Novalis. Ölgemälde eines unbekannten Künstlers, Museum Weißenfels.

»Lyrik«

*Anthologien
im insel taschenbuch*

An mein Kind. Gedichte an Töchter und Söhne. Herausgegeben von Cordula Gerhard. it 2227. 146 Seiten

Auf weißen Wiesen weiden grüne Schafe. Parodien deutscher Lyrik und Prosa. Herausgegeben von Karl Riha und Hans Wald. it 2735. 240 Seiten

Die schönsten Liebesgedichte. Herausgegeben von Sigrid Damm. it 1872. 167 Seiten

Ganz mein Herz dir hingegeben. Gedichte der englischen Romantik. Herausgegeben von Norbert Kohl. Mit farbigen Abbildungen. it 2180. 233 Seiten

Gedichte berühmter Frauen. Von Hildegard von Bingen bis Ingeborg Bachmann. Herausgegeben von Elisabeth Borchers. it 1790. 312 Seiten

Liebeszauber. Die schönsten deutschen Liebesgedichte aus fünf Jahrhunderten. Ausgewählt von Günter Berg. Großdruck. it 2413. 168 Seiten

Über die Liebe. Gedichte und Interpretationen aus der »Frankfurter Anthologie«. Herausgegeben von Marcel Reich-Ranicki. it 794. 346 Seiten

Unterm Sternbild des Herkules. Antike in der Lyrik der Gegenwart. Herausgegeben von Bernd Seidensticker und Peter Habermehl. it 1789. 253 Seiten

Die schönsten Liebesgedichte
im insel taschenbuch

Anna Achmatowa
Liebesgedichte
Ausgewählt von Olaf Irlenkäuser
Übertragen von Alexander Nitzberg
it 2946. 120 Seiten

Bertolt Brecht
Liebesgedichte
Ausgewählt von Werner Hecht
it 2824. 127 Seiten

Paul Celan
Liebesgedichte
Ausgewählt von Joachim Seng
it 2945. 128 Seiten

Annette von Droste-Hülshoff
Liebesgedichte
Ausgewählt von Werner Fritsch
it 2876. 136 Seiten

Joseph von Eichendorff
Liebesgedichte
Ausgewählt von Wilfrid Lutz
it 2821. 113 Seiten

Johann Wolfgang Goethe
Liebesgedichte
Ausgewählt von Karl Eibl
it 2825. 108 Seiten

Heinrich Heine
Liebesgedichte
Ausgewählt von Thomas Brasch
it 2822. 80 Seiten

Hermann Hesse
Liebesgedichte
Ausgewählt von Volker Michels
it 2826. 128 Seiten

Else Lasker-Schüler
Liebesgedichte
Ausgewählt von Eva Demski
it 3083. 143 Seiten

Nikolaus Lenau
Liebesgedichte
Ausgewählt von Wilfrid Lutz
it 2838. 144 Seiten

Eduard Mörike
Liebesgedichte
Ausgewählt von Wilfrid Lutz
it 3040. 160 Seiten

Novalis
Liebesgedichte
Ausgewählt von Gerhard Schulz
it 2874. 112 Seiten

Francesco Petrarca
Liebesgedichte an Laura
Übertragen von Jürgen von Stackelberg
it 3022. 128 Seiten

Alexander Puschkin
Liebesgedichte
Ausgewählt von Rolf-Dietrich Keil
it 2968. 144 Seiten

Rainer Maria Rilke
Liebesgedichte
Ausgewählt von Vera Hauschild
Mit einem Nachwort von Siegfried Unseld
it 2823. 112 Seiten

Joachim Ringelnatz
Liebesgedichte
Ausgewäht von Günter Stolzenberger
it 3082. 143 Seiten

William Shakespeare
Liebesgedichte
Ausgewählt von Jutta Kaußen
it 2987. 128 Seiten

Rabindranath Tagore
Liebesgedichte
Ausgewählt von Martin Kämpchen
it 2988. 106 Seiten

Die schönsten Liebesgedichte
Ausgewählt von Günter Berg
it 2827. 128 Seiten

Die schönsten Liebesgedichte
Ausgewählt von Sigrid Damm
it 1872. 176 Seiten

Liebesgedichte an Frauen
Ausgewählt von Gesine Dammel
Gebundene Ausgabe
it 2930. 176 Seiten

Liebesgedichte von Frauen
Ausgewählt von Heike Ochs
Gebundene Ausgabe
it 2929. 176 Seiten